布谷童书 编

星筠兔 绘

经典名著里的

趣味阅读课

史记里的秘密

帝王诸侯

延边教育出版社

YANBIAN EDUCATION PUBLISHING HOUSE

U0570469

编　　著：布谷童书
本册主编：王　晶
绘　　者：星筹兔
责任编辑：于鸿梅

图书在版编目（ＣＩＰ）数据

史记里的秘密.帝王诸侯 / 布谷童书编;星筹兔绘
.－－延吉：延边教育出版社,2024.5
　　（藏在经典名著里的趣味阅读课）
　　ISBN 978-7-5724-3631-4

Ⅰ.①史… Ⅱ.①布… ②星… Ⅲ.①阅读课－中小
学－教学参考资料 Ⅳ.①G634.333
　　中国国家版本馆CIP数据核字(2023)第237847号

史记里的秘密·帝王诸侯

出版发行：延边教育出版社
地　　址：吉林省延吉市长白山东路98号（133000）
　　　　　北京市海淀区苏州街18号院长远天地4号楼A1座1003（100080）
电　　话：0433-2913940　010-82608550　　　网　　址：https://www.ybep.com.cn/
传　　真：0433-2913971　010-82608856　　　客　　服：QQ1697636346
印　　刷：天津中印联印务有限公司　　　　　　开　　本：710毫米×1000毫米　1/16
印　　张：7.75　　　　　　　　　　　　　　　字　　数：103千字
版　　次：2024年5月第 1 版　　　　　　　　　印　　次：2024年5月第 1 次印刷
书　　号：ISBN 978-7-5724-3631-4　　　　　　定　　价：36.00元

如印装质量有问题，本社负责调换

目录
CONTENTS

第一章

上古贤明君主：尧舜禹

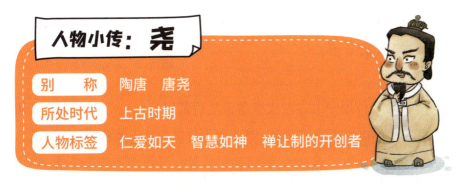

人物小传：尧

别　　称	陶唐　唐尧
所处时代	上古时期
人物标签	仁爱如天　智慧如神　禅让制的开创者

　　尧，对外团结亲族，联合友邦，统一华夏；对内制定历法，推广农耕，整饬（chì）百官。为了部落联盟的未来，又提拔并培养舜，最终将首领之位禅（shàn）让给他，是司马迁眼中"最理想的君主"。

人物小传：舜

别　　称	姚重华　虞舜　帝舜
所处时代	上古时期
人物标签	至孝至仁　知人善任

　　舜是中华道德文化的鼻祖，他推动的以道德为内涵的舜文化，与炎帝的农耕文化、黄帝的政体文化，并称为中华文化的三座里程碑。

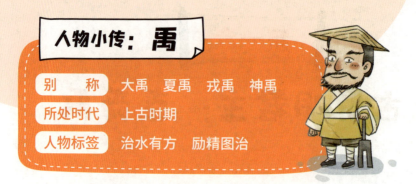

人物小传：**禹**

别　　称	大禹　夏禹　戎禹　神禹
所处时代	上古时期
人物标签	治水有方　励精图治

禹是夏朝的第一位君王，他将毕生精力都用于治理水患，使得天下安定，百姓们过上了好日子。

尧、舜、禹是传说中上古时代继黄帝之后黄河流域先后出现的三位部落联盟首领，他们以仁德治理国家，是中国古代贤明君主的典范。

心系天下，禅让传承

尧是帝喾（kù）高辛氏的儿子，品德高尚，有如太阳一样带给人们温暖。他成为联盟首领后，带领九族团结，使得四方诸侯和睦共处。尧极力推广农耕，根据日月星辰的变化制定了历法，校正了春夏秋冬四季，教导百姓按照时令从事生产。百姓们因为顺应天时地利生活，都过上了好日子。

尧统治部落多年，眼看自己年龄越来越大，于是在一次联盟会议上，尧问道："谁能接替我治理好联盟？"有人推荐尧最爱的儿子丹朱，没想到，尧摇了摇头说："丹朱性子顽劣，又喜欢争强斗胜，他不行。"又有人推荐大臣共工，尧也不同意："共工能说会道，但心术不正，表面恭顺，其实胆大妄为，他也不行。"

后来，有人给尧推荐了一个普通老百姓："他叫虞舜，父亲眼瞎心盲，动不动就打他，继母和弟弟总是想方设法害他，可他却不怨恨、不报复。

面对继母和弟弟的阴谋诡计，他总能设法巧妙地躲过。他坚持着做儿子、做哥哥的本分，孝顺父母、友爱兄弟，尽力维持着家庭和睦。"尧一听有了兴趣，做首领，美德是基础，舜如果真有这样的美德，能力也足够，那么便可以担当大任。

为了考核舜，尧先是把自己的两个女儿娥皇、女英嫁给了舜，又让九个儿子与他交往，通过他们观察到舜的德行确实如传闻所说。尧于是又给舜安排了一些教化百官、接待宾客的任务，舜都能顺利地完成。

尧还是不放心，又特意派舜进山川、入森林、过沼泽，结果，哪怕遇上雷电交加的暴风雨，舜也准确地辨认出了方向，出色地完成了任务。

舜通过了尧的重重考验，证明了自己的美德和能力足以领导部落联盟。尧终于放心了，他开始退居幕后，让舜做自己的代理人。舜下达的政令得当，赏罚分明，代理工作做得很到位。

尧去世后，舜最终成为部落联盟的新一任首领。

选贤任能，各得其所

舜特别擅长挖掘并善用别人的才能。

他做代理首领的时候，听说高阳氏和高辛氏各有八个德才兼备的儿子，只是一直没有得到尧的重用。舜派人去详细了解他们的情况，之后，他就大胆起用了高阳氏子孙管理农作方面的事，让高辛氏子孙负责百姓的教育和教化。他们各司其职，都很好地完成了各自的工作。

除了起用被尧忽略的人才之外，舜还把奸恶之徒派上了用场。当时天下间有四个祸害，出身都不低，就是不干正事，每天游手好闲、作威作福、鱼肉乡里。舜知道了之后，就把这四个祸害所在的家族分别流放到了四方时常有妖魔鬼怪出没的边远地区。这样一来，他们再也无法祸害百姓，又能抵御四方的妖魔鬼怪，从此四方安宁，起到了以恶制恶的作用。

正式继任联盟首领后，舜更是把选贤任能当作头等大事。当时，他的身边有不少能人，只是大家的分工并不十分明确，做的事也不是自己最擅长的。舜就召集他们开了一次大会，在综合大家的意见之后，重新做了分

工，明确了每个人的职责。

有人负责农业，任务是让百姓们都学会播种百谷。有人负责教化，目标是教会大家和睦共处、团结一心。有人负责治安，防止外族入侵。还有人分别负责管理能工巧匠、草木鸟兽、山川河流等。祭祀、礼仪、音乐等，也都有专人负责。舜一口气分配好了二十二个人的工作。

工作分配完，还有政绩考核。舜每三年对这些人进行一次考核，根据考核业绩决定奖励还是惩罚。没多久，国家的各项事业都得到了迅速而有效的发展。

在这些人里，表现最突出的就是负责治水的禹。

大禹治水，造福百姓

禹的父亲叫鲧（gǔn），尧在位的时候，他就负责治水。舜代行天子职位后，发现鲧治了很多年的水，可水患根本就没得到缓解。舜果断地罢免了鲧的职务，提出让禹负责治水，禹简直不敢相信自己的耳朵。治水关系着百姓的生命安危，是一项非常重要的工作。有了父亲的前车之鉴，禹原本以为舜肯定不会用他。于是，他推辞说："好几个人的才能都远胜于我，这个重任理应交给他们！"舜很坚定："你放手去做吧！我相信你。"禹很感动，他暗暗下定决心："我一定努力治好水患，弥补父亲这些年的遗憾！"

于是，新婚的第四天，禹就离开了家，踏上了治水的道路。他每天带着工人在路上奔波，哪里的河流要疏通，哪里的堤防要加固，哪里的道路要通畅，他都会一一记录下来，并落实到位。

等他再次回到家的时候，已经是十三年后了。十三年间，禹三次路过家门都没有进去，此时，他的儿子启已经长成大孩子了。

不过，他的付出和奉献没有白费。在他的领导下，治水工作取得了显著的成效，大水得到控制，农作物有了好收成，道路畅通，大家可以互通有无，四海之内的人们都在歌颂禹和舜的功劳。于是，舜顺应民心，效仿尧，将自己的首领之位禅让给了禹。

读史启示

　　尧、舜、禹三人是上古时代的出色领袖，他们很有管理才能，做到了管人和管事的平衡，不仅能挖掘手下大臣的才能，把他们放在合适的位置上，还监督并考核他们的执行效果，实施适合的奖励和惩罚措施。其中，尧和舜还摒弃私心，把首领的位子传承给了有德行、有能力、有民心的人，真正做到了"天下为公"。

原汁原味 学古文

帝曰:"吁! 臣哉, 臣哉! 臣作朕股肱耳目①。予欲左右有民, 女②辅之。余欲观古人之象③, 日月星辰, 作文绣服色, 女明之。予欲闻六律、五声、八音, 来始滑, 以出入五言④, 女听。予即辟⑤, 女匡拂⑥予。女无面谀, 退而谤予。敬四辅臣。诸众谗嬖⑦臣, 君德诚施皆清矣。"禹曰:"然。帝即不时, 布同善恶则毋功。"

——《史记·夏本纪》

① 股肱耳目：比喻帝王的辅助得力的臣子。股，大腿。肱，胳臂由肘至肩的部分。

② 女：通"汝"，你，你们。

③ 象：象服，古代后妃、贵夫人所穿的礼服，上面绘有各种物象作为装饰。

④ 五言：五方之言，即五方的意见。

⑤ 辟：邪僻，有过失。

⑥ 匡拂：通"匡弼"，匡正辅助。

⑦ 谗嬖：指进谗而被宠幸的人。

译文

帝舜说："啊！大臣啊，大臣啊！大臣应该做我的大腿、臂膀、耳朵和眼睛。我想要帮助天下百姓，你们要辅佐我。我想要观察古人的礼服，以日月星辰为图案绣到礼服上，你们要明白其中的等级意义。我想要倾听六律、五声、八音，借以考察政治上的得失，颁布仁政，采纳各方合理的意见，你们要详加审查倾听。如果我有做错的地方，你们要纠正我、辅助我。你们不要当面阿谀奉承我，私下里又在背后诽谤我。我敬重各个辅佐的大臣。那些喜欢进谗言邀宠幸的邪恶奸臣，只要君王能够德行端正，他们就会被全部清除。"禹回答说："正是这样。如果天子不这么做，把善恶同等对待和任用，那就收不到任何功效了。"

禅让

尧让位给舜，舜让位给禹，他们都没有选择跟自己有血缘关系的子嗣作为继承人，而是将"天下"摆在第一位，选择了最适合的继承人，这就是禅让制。它对应的是"父死子继、兄终弟及"的世袭制。

你行，你上！

你行，你上！

禅让制

五帝

《史记》中的五帝分别是黄帝、颛顼（zhuān xū）、帝喾、唐尧、虞舜这五位，他们都是禅让相承。值得注意的是，夏禹并没有列入五帝之一。

湘妃竹

传说，舜在执政的第三十九年，到长江一带巡视，在苍梧之野不幸死去，葬在九嶷（yí）山上。他的两位夫人听到噩耗后，不敢相信，就一起到南方寻找舜。最终，她们不得不接受现实。两人在湘江边上，望着九嶷山，痛哭流涕，她们的眼泪挥洒在竹子上，竹子就变成了"斑竹"，也叫湘妃竹。

尧历

帝尧刚刚上任时，人们对于天地运行的规律掌握得还不清晰，天文历法很不完善，经常有耽误农时的事情发生。为了掌握气候的变化规律，让百姓过上好日子，尧做了很多努力。

他派羲仲住在东方郁夷一个叫旸（yáng）谷的地方，恭敬地迎接太阳升起，及时安排春耕，并将昼夜长短相同的那一天，定为春分。他派羲叔住在南方的交阯（zhǐ），观察太阳向南移动的情况，安排夏季的农活，并将白昼时间最长的那天定为夏至。他派和仲住到西方一个叫昧谷的地方，恭敬地送太阳落山，安排秋收，并将昼夜长短相同的那天定为秋分。他还派和叔住在北方的幽都，安排冬藏，并将白昼时间最短的那天定为冬至。

尧还确立了一套历法，规定一年有 366 天，每三年加一个闰月，来调整因四季变化而产生的偏差。尧制定的这套历法就叫尧历。

每三年加一个闰月……

"堵"还是"疏"?

据说禹的父亲鲧采用的治水方法是"水来土掩"——哪里有洪水，就在哪里修筑堤坝。鲧想用"堵"的方法治理水患。然而，随着洪水越积越多，堤坝也越修越高，最后堤坝总是会被大水冲毁，水患反而越堵越严重。

禹吸取了父亲治水的教训，他认为治水不能靠"堵"，而要靠"疏"。

鲧治水时出现的大水灾，根源就在汾河。于是禹从冀州开始治水，先重点治理了汾河。禹治水重在疏导，遇到大山阻路时，他就开凿山体，让河流能够通畅。禹因势利导，先疏通了壶口，又带人开凿吕梁山，最终解决了汾河水入黄河不顺畅的问题。

那么平地上肆虐的洪水怎么解决呢？聪明的禹就把原有的河道加深加宽，或者再开凿出新的河渠让水流分散，减轻大水的冲击力。而开挖或修整河道时挖出的淤泥，禹就让它们堆积在河道两

边，加高河岸，成为天然的屏障。

　　还有一个问题，就是一些非常小的水流，难以流入大河，怎么办呢？这也难不倒禹。他干脆把这些小水流聚集起来，形成湖泊、池塘，让人们可以在里面养鱼养虾。

　　就这样，禹依靠疏导法，化害为利，成功治理了困扰天下百姓多年的水患，使得大量原本洪水肆虐的地方变成了肥沃的土地，成了百姓们安居乐业的地方。不仅如此，禹在治水时，还干脆以山川河流为界，把天下分为九州，这就是华夏九州的来历。

你知道吗？

　　尧、舜、禹三人之间还有着剪不断理还乱的亲戚关系呢！

　　黄帝和正妻嫘（léi）祖生了两个儿子，分别是长子玄嚣（xiāo）和次子昌意。

　　玄嚣的孙子是帝喾，而尧是帝喾的儿子。

　　昌意的儿子是颛顼，而舜是颛顼的六世孙。

　　另外，禹的父亲是鲧，鲧的父亲是颛顼。

　　也就是说，虽然舜把君主之位禅让给了禹，可实际上，禹比舜大好几辈。

　　黄帝、颛顼、帝喾、尧、舜、禹，说到底，都是一家人啊！

1. 关于禅让制，下面说法错误的一项是（　　　　）。

A. 禅让制，即将部落首领的位子传给贤德之人。

B. 禹是禅让制下产生的最后一位部落联盟首领，他的儿子启以王位世袭制取代禅让制。

C. 禅让的原则是选贤与能。

D. 禅让就是以血脉为中心进行职位的传承。

2. （判断题）禹的妻子是娥皇和女英。（　　　　）

3. "三过家门而不入"的主人公是：＿＿＿＿＿＿＿。

4. 《二十四孝》的第一个故事"孝感动天"，讲的就是舜的故事。父亲动不动就打舜，继母和异母弟弟总想着害死舜，舜却不记恨，依旧孝顺父母，关爱弟弟。舜的孝行感动了天帝，天帝就派了大象帮他耕田，鸟帮他除草。

看下图中的四个人物，说一说，他们的表情和动作都有什么特征？

参考答案

1.D

2.×

3.禹

4.示例：

舜，双膝跪地，身体弯曲，手里稳稳地端着冒着热气的食物，可见他对父母的恭敬、孝顺。

父亲，怒目圆睁，手里拿着拐杖，作势要打，一副训斥舜的样子。

弟弟，手里拿着鸡腿，满嘴油腻，眼睛直盯着舜，见不到一点对哥哥的尊敬。

母亲，横眉怒目，嘴唇紧紧地抿着，一脸严厉、刻薄。

第二章

春秋第一霸：齐小白

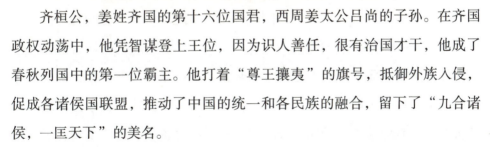

人物小传：齐小白

别　　称	公子小白
所处时代	春秋
生卒年	？—公元前 643 年
在位时间	公元前 685 —前 643 年
人物标签	知人善任　虚心纳谏　宽容大度　春秋首霸

　　齐桓公，姜姓齐国的第十六位国君，西周姜太公吕尚的子孙。在齐国政权动荡中，他凭智谋登上王位，因为识人善任，很有治国才干，他成了春秋列国中的第一位霸主。他打着"尊王攘夷"的旗号，抵御外族入侵，促成各诸侯国联盟，推动了中国的统一和各民族的融合，留下了"九合诸侯，一匡天下"的美名。

　　作为齐僖（xī）公最小的儿子，公子小白原本的命运是做一个逍遥公子，吃吃喝喝混混日子。可他的大哥齐襄公偏偏是个惹事的君主。

　　齐襄公即位后，做事只凭自己的喜好，不高兴就杀人，又不会笼络大臣，明里暗里招来了很多敌人，没几年就被人杀了。齐国突然没了君主，一片混乱。

晋文公　秦穆公　楚庄王　越王勾践

惊险即位

当时齐国有继承权和继承能力的只有两人：公子小白和二哥公子纠。可为了躲避大哥齐襄公，公子纠带着谋士管仲逃到了鲁国，公子小白带着谋士鲍叔牙逃到了莒（jǔ）国。得到大哥去世的消息后，两人连夜往齐国赶。谁先赶到，谁就能继承王位。

鲁国国君一面安排人护送公子纠赶路，一面派管仲埋伏在公子小白途经的路上，趁他不防备，向他射了一箭。见小白中箭从车上滚落倒地，管仲很高兴，就传信给公子纠。公子纠没有后顾之忧了，也就不着急了，足足用了六天才回到齐国。到了之后，他傻眼了，公子小白已经即位了。

原来，管仲的箭只是射中了公子小白衣服上的钩子，公子小白干脆将计就计，装死迷惑管仲。之后，他躲在温凉车里日夜兼程赶回了齐国。

公子小白顺利即位，他就是齐桓公。为了报管仲一箭之仇，齐桓公上位后做的第一件事就是向鲁国发兵。鲁国吃了败仗，被吓坏了，按照齐桓公的意思杀掉了公子纠，并把管仲交给齐国处置。齐桓公本欲杀死管仲，

可鲍叔牙却阻止齐桓公说："管仲才是能辅佐君上您成就天下霸业的人才。"齐桓公听从了鲍叔牙的建议，明面上以报仇的名义让鲁国把管仲绑了送来齐国，实际上，等管仲到了齐国，他立即任命管仲为大夫，帮助自己管理国家。

以德服人

管仲、鲍叔牙等臣子有谋略，齐桓公又能虚心纳谏，在君臣的共同努力下，齐国越来越强大，在众多诸侯国中的影响力也越来越大。

有一次，齐国和鲁国打仗，鲁国败了，向齐国求和，齐桓公答应了。接下来，双方坐下来谈退兵条件，在谈判现场，鲁国的将领曹沫突然跳出来，拿着匕首劫持了齐桓公。他威胁齐桓公，让他把齐国侵占的鲁国的土地都还回来。

这种情形下，齐桓公只能答应。曹沫放了他后，齐桓公就想反悔，还想杀了曹沫泄愤，管仲劝他："逞一时之快的话，只会让齐国失信于诸侯，也会失去天下人的支持。"齐桓公听了管仲的劝，放过了曹沫，还一一兑现了承诺。

还有一年，北方的山戎人攻打燕国，燕国打不过，向齐国求助。齐桓公知道后，二话不说，带兵把山戎人打跑了。

燕庄公千恩万谢。他给齐桓公送行，不知不觉就送到了齐国境内。齐桓公说："按规矩，诸侯间送别不能超出自己的国境，我不能失了礼数。"他很干脆地把燕庄公到过的地方都送给了燕国。

齐桓公这么讲义气、讲诚信，其他诸侯国看在眼里，都愿意认齐国为"老大"。

葵丘会盟

当时中原各国之间总有小摩擦，时不时地还受到周边少数民族的侵害，齐桓公就充当起了中原各国的保护神，打出了"尊王攘夷"的旗号，号召各诸侯国团结在周朝王室周围，共同抵御异族侵略。

公元前 651 年，齐桓公召集鲁、宋、卫、郑、许、曹等国诸侯，举办了一次大聚会。这个聚会在宋国的葵丘（今河南民权县东北）举行，也叫葵丘会盟。周襄王为了感谢齐桓公对自己的拥护，派宰孔参加了这次会盟，并送给他一份大礼，正式确立了齐桓公霸主的地位，齐桓公的霸业达到了顶峰。

公元前 645 年，管仲病重，临死前，他嘱咐齐桓公：不要听信小人的谗言。不料，齐桓公老了之后就开始犯糊涂，转身就把管仲的话抛到了脑后。他后来亲近重用的恰恰是管仲嘴里的那几个小人，慢慢地，原本政治清明的齐国陷入了混乱。

齐桓公病死后，他的五个儿子忙着互相攻打争夺王位，根本顾不上为他收尸。齐桓公死前最为宠信的那几个小人，依仗权势大肆屠杀异己，拥立公子无诡做了新一任齐国国君（即齐孝公）。直到这时，他们才想起要为齐桓公收尸入棺。这时候距离齐桓公去世已经六十七天了，蛆虫都已经从尸体上爬出了门外。春秋时代的第一位霸主，落了个如此凄惨的下场。

读史启示

正所谓"得民心者得天下"，齐桓公能成为春秋时代的霸主，跟他赢得了民心有直接关系。他不记私仇重用曾与他为敌的管仲，赢得了帮助自己称霸诸侯的关键人才；在面对比自己弱小的诸侯时，他谨遵礼仪，言出必行，赢得了诸侯的心，这才有了后来的诸侯会盟，他成为中原霸主才让人心服口服。

学古文

鲍叔牙曰："臣幸得从君，君竟以立。君之尊，臣无以增君。君将治齐，即高傒与叔牙足也。君且欲霸王，非管夷吾不可。夷吾所居国国重，不可失也。"于是桓公从之。

乃佯①为召管仲欲甘心②，实欲用之。管仲知之，故请往。鲍叔牙迎受管仲，及堂阜③而脱桎梏④，斋祓⑤而见桓公。桓公厚礼以为大夫，任政⑥。

——《史记·齐太公世家》

① 伴：假装。

② 甘心：满意，满足。

③ 堂阜：地名。春秋齐国小邑，在今山东蒙阴县西北。

④ 桎梏：脚镣手铐。原意是指木质刑具。

⑤ 斋祓：斋即斋戒，祓为古代除灾祈福的仪式。这里指的是鲍叔牙让管仲沐浴更衣、祓除秽恶，做好去见齐桓公的准备。

⑥ 任政：执政。

译文

鲍叔牙说："我有幸追随您，您也终于登上了国君之位。您的身份尊贵，我已经没有能力再为您增添光彩了。如果您只想治理好齐国，有高傒和我就够了。如果您想称霸天下，那就非得用管仲不可。管仲在哪个国家，哪个国家的地位就会变得重要，您不能失去这样的人才啊。"齐桓公听从了鲍叔牙的建议，他故意说把管仲要过来亲自治罪心里才畅快，其实是想要重用他。管仲也明白这一点，所以才愿意让鲁国将自己遣送到齐国。鲍叔牙迎接管仲，到了齐国的堂阜，第一时间就把他身上的镣铐刑具全都卸了下来。斋戒沐浴以后，管仲去见了齐桓公。齐桓公以很隆重的礼节任命他为大夫，管理齐国的政务。

老马识途

　　齐桓公应燕国的请求，出兵驱逐入侵燕国的山戎人，得胜之后，齐国大军在一个山谷里迷了路。管仲沉思了一会儿，向齐桓公建议："大王，狗即便离家很远，也能找到回家的路。老马与狗类似，应该也有认路的本领，我们可以让老马来引路。"齐桓公接纳了管仲的建议，让人挑出几匹老马，解开缰绳，让它们随意行走。说来也奇怪，这几匹老马毫不犹豫，一齐朝着一个方向走去，大部队跟在它们后面，东走西走，最后竟然真的走出了山谷。

　　这就是成语"老马识途"的来历，意思是老马认识走过的道路，现在人们常用这个成语比喻有经验的人对事情比较熟悉。

大王，老马能带我们回家。

庭燎招士

　　"庭燎"是一种在庭院中燃起火炬的仪式，是春秋时期国君招待使者的最高规格的礼仪。

　　即位之初，齐桓公发布告示，招募天下人才，可一年过去了，没有一个人来投奔他。这天，终于有个乡下人来求见齐桓公，桓公很高兴地接见了这个人，问他会什么。这个人说自己会算术，齐桓公被气笑了："齐国人人都会算术，你这算什么才华！"那人回答："算术不算什么，可如果对我这样普通的人，您都能以礼相待，那些比我高明的人不就都抢着来投奔您了吗？"

　　齐桓公觉得很有道理，就以庭燎的礼仪接待这个乡下人。这件事传扬开来，正如乡下人预料的那样，一个月后，贤士从四面八方都来投奔齐桓公了。

我会算术。

你这算什么才华，人人都会！

辒辌车

在上面的故事里提到，齐小白假死，乘坐温凉车赶回齐国抢先即位。那你知道温凉车是什么车吗？

原来，温凉车在古时候叫作辒（wēn）辌（liáng）车，是皇家才能享受的高级卧车，车厢内面积很大，乘客完全可以在里面躺平，打个滚都没问题。更令人惊奇的是，它居然是自带空调的豪华软卧！

这种车的车厢上面有巨大的伞盖，可以将车厢和前方的车夫完全遮蔽在下方，遮阳又避雨。车厢前方有门，两侧有窗，内部装饰十分华丽。那么，它是怎样实现"空调"效果的呢？

古人的智慧令人惊叹。原来，大大的伞盖，功能可不仅仅是遮阳避雨。在车辆行驶过程中，伞盖会伴随着颠簸在车厢四周形成一阵阵的风。车厢两侧的窗户是双层的，可以推拉。外层是密闭的，里层却有许多细小的开孔。当外层窗户打开的时候，伞盖带来的风就能沿着这些小孔，吹进车厢内部，凉爽效果堪比现代的空调！

而软卧就比较好实现啦。当时的人们先是在车厢里铺了很多层布，再在上方铺上一层野兽的皮料，车厢内的"皮质沙发"就此完成。

秦始皇时期，辒辌车被当成了皇帝的专车。秦始皇乘坐辒辌车死在了出巡的路上，他的棺木就被放在了辒辌车里拉回皇宫。后来，辒辌车又被人们当成了丧车，用来拉棺椁（guǒ）。

风马牛不相及

春秋时期鲁国的史学家左丘明在他的《左传·僖公四年》中记载了这样一个故事：

有一次，作为中原霸主的齐桓公联合北方七国攻打楚国。

楚成王质问齐桓公："君处北海，寡人处南海，风马牛不相及也，不虞君之涉吾地也，何故？"意思是："齐国在遥远的北方，我们楚国在南方，相距很远，即使是像牛马那样放肆奔跑，互相追逐，也跑不到对方的境内去。为什么不远千里前来侵犯我的国家呢？"

管仲代表齐桓公回复说："你们楚国常年不向周天子纳贡，以至于周王室的祭祀用品都供应不上。另外，之前周昭王在汉水溺水而亡，也是你们干的'好事'，各诸侯国都非常气愤，因此我们特地前来向楚国质问此事。"

楚国使者回答说："楚国没有按时纳贡，那是我们国君公事繁忙，一时失察所致，补交就是了。至于周昭王在汉水溺死这件事，你们可怪不到楚国头上来，倒不如去问问汉水吧。"齐桓公仍然率军进入楚地，楚成王于是就派屈完率兵抵抗。

齐桓公向屈完炫耀自己人多势众，屈完不卑不亢："我们楚国有方城做城墙，有长江和汉水护城，你们的诸侯联军人虽然多，却未必打得进来。"

屈完一番话，让足智多谋的管仲都无话可说了。齐桓公权衡利弊之后，与屈完订立盟约，撤兵回国了。

从这个故事中，人们提炼出了成语"风马牛不相及"，用来形容地域广大距离遥远，也比喻事物之间毫不相干。

你知道吗？

　　齐桓公小白和《扁鹊见蔡桓公》中的齐桓公不是同一个人。

　　战国时期的思想家韩非写了一篇名为《扁鹊见蔡桓公》的文章。文中讲述了蔡桓公讳疾忌医，导致病入骨髓、无药可医，最终病死的故事。这里的蔡桓公本名叫田午，死后谥号"齐桓公"，是公元前 300 多年战国时期齐国的国君。他因为迁移国都到河南上蔡，因此又被称为蔡桓公。他与生活在公元前 600 多年的春秋第一霸主齐桓公小白不是同一个人。

互动小课堂

1.“厚礼以为大夫”中的“以为”是什么意思？（　　　　）

A.是“以之为”的省略形式，意思是让他做。

B.认为。

2.（判断题）“尊王攘夷”和“挟天子以令诸侯”的意思相同。（　　　　）

3.日常处理政务时，遇到问题，齐桓公都会说：“去问管仲。”时间久了，有人就对齐桓公说：“什么事都问管仲的话，你这君主会不会当得太轻松了？”齐桓公说：“什么事情都由君主来做，那君主不得累死了！君主的任务就是网罗人才，然后让人才充分发挥出他们的价值来。在管仲的治理之下，齐国现在国泰民安，我为什么还要插手呢！”

思考一下，齐桓公这句话说明了一个什么道理呢？

参考答案

1.A

2.×

3.示例：自古以来，要想成就大事，一个成功的领导者要做到以下三点：（1）发现人才、吸引人才，能将人才网罗到自己身边。（2）把下属放在合适的位置上，让他的才能充分发挥出来。（3）懂得放权，不限制下属的权力。

对于领导之道、用人之道、掌权之道，齐桓公看得这么透彻，也难怪他能成为春秋时期的第一位霸主。

第三章

春秋第二霸主：姬重耳

人物小传：**姬重耳**

别　　称	公子重耳
所处时代	春秋
生 卒 年	公元前 697 年或前 671 年—前 628 年
在位时间	公元前 636 年—前 628 年
人物标签	流亡十九年　能屈能伸　深谋远虑

公子重耳，晋国的第二十二任国君，春秋五霸中的第二位霸主——晋文公。他与齐桓公并称"齐桓晋文"或"桓文"。前半生，受晋国内乱的影响，重耳过着四处流亡的生活，直到六十多岁才当上了晋国的国君。他在位时间仅仅八年，就一改晋国的混乱局面，打造出了一个强盛的晋国，成为新一任霸主。

重耳是晋献公的众多儿子之一，因为生母地位不高，他从小就不受重视。晋献公的法定继承人申生很有才能，也很受大臣的认可，正常情况下，申生顺利即位，重耳虽然没有机会成为国君，却也可以过得很安稳，可变故发生了。

英雄难过美人关，晋献公特别宠爱后宫的骊（lí）姬夫人，爱屋及乌，就有了立骊姬的儿子奚齐为继承人的想法。

骊姬是个厉害角色，她表面上反对废掉太子申生，暗地里却找了个机会，污蔑申生给晋献公的食物下毒。申生有口难辩，自杀身亡。骊姬又给晋献公吹枕边风，说重耳和他的另一个兄弟夷吾也参与了下毒。晋献公派人要杀死重耳，重耳侥幸逃脱躲到了狄国，之后夷吾也投奔了梁国。

申生要毒死你！重耳和夷吾也知情！

抵制诱惑

狄国是重耳母亲的故乡，在亲人的看护下，重耳娶妻生子，日子过得很不错，他这一待就是十二年，变故再次发生了。

公元前651年，晋献公年迈去世，传位给奚齐。可之前支持申生的大臣们不服奚齐的统治，有一个叫里克的带头作乱，先后杀死了奚齐和另一个公子悼（dào）子。接下来，谁当国君呢？

里克的第一人选是重耳，他派人来狄国迎接重耳回国即位。重耳和手下的谋士一合计，晋国现在由里克把持着，此时回国即位的风险很高，弄不好就会像奚齐和悼子一样被杀掉。重耳考虑了一番，拒绝了里克的请求。

里克就派人接夷吾回国即位，夷吾也害怕这是个陷阱，但又很想回国做国君，于是就派人用厚礼贿赂秦穆公，并表示如果秦国支持他做晋国国君，他就割让晋国的土地给秦国。

于是里克和秦穆公就内外联手，把夷吾接回晋国即位，他就是晋惠公。

颠沛流离

晋惠公即位七年后，因为害怕重耳威胁自己的地位，便派人刺杀他。为了活命，重耳被迫离开狄国，开始了流亡生涯。

一开始重耳等人逃到了卫国，卫国国君没有把他当一回事。重耳失望地离开卫国，途中因为太饿了，只好放下架子，鼓足勇气向路边的村民乞讨。赶巧了，他遇到了一个没善心的村民，对方从地上抓了几把烂泥，装在碗里递给重耳，笑嘻嘻地说："拿去，吃吧！"

重耳又饿又羞又气，举起鞭子就要抽打村民，身边的谋士阻止他说："土，是土地的意思，他送您土地，预示着将来您会拥有土地啊。"重耳听

了，放下鞭子，煞有介事地向村民行礼，郑重地接过了装着烂泥的碗。

重耳一路上尝尽了世态炎凉。后来，他辗转到了楚国，楚成王听说重耳是个有才能的人，就以诸侯的礼节款待他。一开始，重耳不敢接受。他身边的谋士说："您在外流亡了十多年，小国都敢轻视您，更何况是大国呢？如今楚国这个大国竟然以厚礼招待您，这是上天在护佑您啊，就不要再推辞了。"重耳这才慨然接受。

在宴席上，楚成王问重耳："假如有一天您返回了晋国，将会怎样报答我呢？"重耳说："楚国的珍宝应有尽有，我拿不出什么来了。这样吧，将来万一晋国与楚国交战的话，我会为您退避三舍之地。"没想到，这句话后来竟成真了。

回国即位

公元前636年，流亡十九年的重耳终于等来了人生翻盘的机会。

晋惠公是个忘恩负义的人，当年他在里克和秦穆公的帮助下当上了国君。有了权势之后，他却翻脸不认人，不兑现给秦穆公的好处，还找了个借口把里克杀了。他死后，他的儿子晋怀公即位，也是这种做派。晋国大臣就联合秦穆公把晋怀公赶走，拥立重耳即位，即晋文公。

晋文公很有治国才略，他即位的第一件事就是重振朝纲，给百姓普施恩惠，并奖赏跟随他一起流亡的谋士、有功的大臣等，功劳大的赏赐城邑，功劳小的授予爵位。晋国上下都很高兴，大家齐心协力，晋国日益强大起来。

就在晋文公即位这一年，周襄王的弟弟自立为王，周襄王落难了。第二年，有大臣向晋文公提议："我们应该走齐桓公的路线，趁这个机会拥护周天子，号令天下。"晋文公立刻行动，派兵平息了叛乱，周襄王很感动，赏赐了晋文公很多东西。

两年后，楚、宋两国发动战争。宋国曾经对晋文公有恩，于是向晋国求助，然而楚国也对晋文公有恩。晋文公进退两难之下，想了个办法，没有对楚国用兵，楚成王就收兵了，解了宋国的危机。然而，楚成王手下的

将领子玉很生气，带兵攻击晋国的军队。晋国的军队一看是楚军，一连向后撤退了九十里地，原来晋文公还记得当年"退避三舍"的承诺（一舍为三十里）。

子玉见晋军后退，仍然穷追不舍，不肯放弃。两军最终在城濮（pú）开战，子玉战败，只好带着残兵灰溜溜地回到了楚国。

晋国打败了楚国，周襄王又大大奖赏了他。晋文公自此成为中原各诸侯国的领袖，他效仿齐桓公召集各诸侯国，签订盟约，打着"尊王"的口号，坐实了自己霸主的地位。

读史启示

重耳原本早就可以当上国君的，可他没有像夷吾那样，为了当上国君而许诺将晋国的土地割让给秦国来换取秦穆公的支持，而是选择了颠沛流离十九年。一个很大的原因是，他不想为了自己的私利而损害晋国的利益。后来，他答应楚国"退避三舍"，也是在努力捍卫晋国的利益，不想拿晋国的土地、资产做交换。君子有所为有所不为，从重耳身上，我们看到了做人应该坚守的底线：国家利益是不容侵犯的，永远高于个人利益。

惠公七年，畏重耳，乃使宦者履鞮与壮士欲杀重耳。重耳闻之，乃谋赵衰等曰："始①吾奔狄，非以为可用与，以近易通，故且休足。休足久矣，固愿徙②之大国。夫齐桓公好善，志在霸王，收恤③诸侯。今闻管仲、隰朋死，此亦欲得贤佐，盍④往乎？"于是遂行。

——《史记·晋世家》

035

① 始：当初。

② 徙：迁移、搬家。

③ 收恤：收留和帮助。

④ 盍：何不，表示反问或疑问。

译文

　　晋惠公即位后第七年，因为担心重耳威胁自己的地位，就派宦官履鞮带人去刺杀重耳。重耳得到消息后，与赵衰等谋士商议说："当初我逃到狄国，并不是为了利用狄国来东山再起，而是因为这儿离晋国很近，交通方便，才暂时停留。现在我们在这里待得足够久了，我愿意转移到大国去。齐桓公为人好善，一心想称霸，愿意收留和帮助诸侯。听说现在管仲和隰朋都去世了，齐桓公正渴望贤才辅佐，我们何不投奔齐国去呢？"于是，众人前往齐国。

寒食节的来历

跟着重耳一起流亡的人中，有一个叫介子推的谋士。

相传有一次，他们一群人在山中迷了路，找不到吃的，眼看就要被饿死了，重耳感叹："我饿死事小，只怕晋国的老百姓没有好日子过了。"介子推一听这话，觉得重耳将来肯定是个贤明的君主，就偷偷从自己的腿上割了一块肉，煮给重耳吃。重耳知道后，非常感动。后来重耳得到秦国的支持，眼看就要回晋国即位了，介子推却在此时悄悄带着老母亲隐居在了绵山。他认为重耳能重回晋国成为国君是天命所归，而不应该是哪个人的功劳。

后来，晋文公亲自到绵山请介子推，可介子推就是不出来。晋文公为了逼他出来，就放火烧山，不料，大火烧了三天三夜，也不见介子推带着母亲出来。等到大火熄灭，大家才发现，介子推抱着母亲，被活活烧死在一棵大柳树下。

晋文公追悔莫及，为了纪念介子推，晋文公下令：介子推死的这天，全国百姓不许生火做饭，要吃冷食。这就是寒食节的由来。

秦晋之好

晋国和秦国是相邻的两个大国，交往甚密。

先是晋献公把自己的女儿嫁给了秦穆公，后来，晋国内乱，秦穆公帮助公子夷吾回国即位，成为晋惠公。

晋惠公不守承诺，引起了秦穆公的不满。后来，晋国饥荒，秦国不计前嫌，救济了晋国。等到秦国闹饥荒，向晋国求助时，晋国不但不予理睬，反而派兵攻打。这下可把秦穆公给惹急了。他派兵攻打晋国，还活捉了晋惠公，正准备杀掉，却遭到了夫人的反对。

这也难怪，她是晋惠公同父异母的姐姐呀。秦穆公没办法，看在夫人的分儿上，把晋惠公给放了，从此两国一直友好相处。秦穆公还把自己的女儿怀嬴嫁给了晋惠公的儿子晋怀公。晋怀公即位后，昏庸又自私，很不得人心。秦穆公也讨厌他，于是联合晋国的大臣，帮助重耳回国夺取政权，还把之前嫁给晋怀公的女儿怀嬴以及四位宗室女嫁给了重耳。

晋国与秦国世代联姻，于是人们就用秦晋之好来代指两姓联姻的关系。

志在四方

在外流亡的十九年间，重耳曾在齐国生活过几年。

齐桓公在位时，对他很是照顾，还把齐国宗室之女齐姜嫁给了他，重耳终于再次感受到家的温暖。

过了几年，齐桓公去世，齐孝公继位，重耳身边的谋臣就向他提议，是时候离开齐国了，重耳却不愿意。

原来在流亡齐国之前，重耳吃尽了苦头，以至于当他流落到了礼遇厚待他的齐国后，竟然乐不思蜀，再也不愿意离开这个温柔乡了。

一直这么下去的话，重耳身上所有的志气都要被耗尽的。谋臣们于是偷偷商量，想办法让重耳离开齐国，重拾大业。他们的谈话恰好被齐姜的侍女听见了，侍女立即告诉了齐姜。齐姜是个很不一般的女子，她果断地把侍女杀了，然后对重耳说："男子汉大丈夫，应该志在四方，干出一番轰轰烈烈的大事。现在这位侍女听到了你手下人的密谈，我把她杀掉灭口了。你们赶紧行动吧！"重耳听了很惊讶："可是我并不想离开齐国呀！我岁数已经很大，不想再折腾了。"

重耳不想走，齐姜没有继续劝他，而是直接找了重耳手下的谋臣，把重耳灌醉，硬生生抬到马车上，送出了齐国。这才有了后来的晋文公，春秋五霸中的第二位霸主。

赶紧带他离开齐国！

齐姜

古代长度单位都有啥?

跬:半步为跬。"不积跬步,无以至千里"的意思是,不通过一步半步的行程积累,就没有办法达到千里之外的远方。

仞:古代以七尺或者八尺为一仞。"黄河远上白云间,一片孤城万仞山"中的"仞"用到的就是这个长度单位,万仞,用来形容山非常高。

舍:古代行军时以三十里为一舍。"退避三舍",也就是后退九十里地。

寻:八尺为一寻。王安石在《登飞来峰》中写道:"飞来山上千寻塔,闻说鸡鸣见日升。"他用"千寻"来比喻塔的高度。

你知道吗?

土在中国文化中有着崇高的地位。

提到国家时,古人常用到一个词"江山社稷","江山"代指万里河山,"社稷"指的是土谷之神。"社"指土神,"稷"指谷神,其所代表的土地及土地上生长的谷物是国家根本,受到古代帝王诸侯的祭祀,社稷也逐渐成了国家的代名词。

1.关于"城濮之战",下面的说法错误的是（　　　）。

A.参战方是晋国和楚国。

B.最终的结果是晋国胜。

C.诞生了"退避三舍"这个典故。

D.发生事件是战国时期。

2.（判断题）"齐桓公好善"中的"好善"是乐于为善的意思。
（　　　）

3.（多项选择题）在重耳回国即位的路上,众人乘船渡黄河,重耳身边的一个名叫狐偃咎（jiù）犯的谋士说:"这么多年,我跟着您流亡,做了很多以下犯上的事儿。我知道我的过错很大,就陪您到这里,请让我离开吧。"重耳听了他的这话,把手中一个玉璧扔进了黄河里,对着黄河立誓:"请河神见证,我回到国都后,必定不会有二心,愿永远与你同心共事。"

从这个故事看,你觉得狐偃咎犯是个什么样的人?（　　　）

A.有自知之明的人。

B.以退为进的人。

C.不信任别人的人。

D.小心眼的人。

E.借机邀功的人。

参考答案

1.D

2. √

3.BE

解析：咎犯说这话的时候，介子推也在船上，他说："是上天在保佑公子，可是咎犯却认为这是自己的功劳并以此向君王邀功，真是令人感到耻辱啊。"

咎犯字面上是在说自己的过错，实际则是在强调自己劝谏重耳的功劳，他是以退为进，借机邀功。

第四章

春秋霸主：熊旅

人物小传：熊旅

别　　称	熊吕　熊侣
所处时代	春秋
生 卒 年	?—公元前 591 年
在位时间	公元前 613 年—前 591 年
人物标签	一鸣惊人　问鼎中原

　　楚庄王，春秋五霸之一。他不到二十岁即位，在位二十三年直到去世，一生短暂却轰轰烈烈。对内，他以雷霆手段平息了各种不和谐的声音；对外，他与宋、陈、郑、晋等诸侯国对战，最终把晋国从霸主的位置上拉了下来，成为春秋新一任霸主。

　　熊旅是楚穆王的儿子，法定的继承人。公元前 613 年，在熊旅还没有及冠，也就是还不到二十岁的时候，楚穆王去世，熊旅匆忙即位，称为楚庄王。

　　及冠礼，是古代男子的一个很重要的礼仪。及冠之前，男子还属于未成年，不能娶妻，也不能参与家族或者朝堂事务。楚庄王虽然顺利即位，可他年幼又没有治国的经验，朝臣们难免会有想法。

一鸣惊人

所有人都等着看楚庄王怎么治理国家，却都落空了。即位之后的三年里，楚庄王什么国家政事都不管，每天就是饮酒作乐，他还下令："谁要是敢对我劝谏，一律杀无赦。"

大臣伍举实在是看不下去了，他进宫来见楚庄王。当时楚庄王怀里抱着美人，正观舞赏乐，心情不错的样子。楚庄王有话在先，伍举不敢直接劝谏，但是中华语言博大精深，他很有技巧地换了个方式，给楚庄王出了个谜语："大王，山上有只鸟，三年不飞也不叫，请问这是什么鸟？"楚庄王说："这鸟三年不飞，一飞就要冲上云霄；三年不叫，一叫就要令天下震惊！我知道你的意思了，你回去吧。"伍举眨巴眨巴眼睛，没说话，走了。

又过了几个月，大臣苏从也忍无可忍了，他直截了当地对楚庄王进谏。楚庄王生气了："我之前下令，有人胆敢劝谏我，杀无赦。你不知道吗？"苏从说："要是杀掉我就能让大王清醒过来，我死也瞑目！"

楚庄王对着苏从点了点头："三年观察期够了！"从此，他像变了个人似的，停止了所有享乐，开始认真治理国家。之前怂恿他吃喝玩乐不理朝政的小人，互相勾结欺上瞒下的奸臣，贪污受贿欺压百姓的贪官污吏，该杀的杀，该换的换，而像伍举、苏从这样真心为自己着想的贤臣则大大重用。

楚庄王一顿操作，把楚国内部整顿清楚了。人们这才反应过来，楚庄王这三年原来是在"演戏"啊，目的就是为了试探臣子们的忠奸。

问鼎中原

春秋五霸中，其他霸主都称"公"，独独楚庄王称"王"，这是楚国的传统。很多诸侯国看不起周天子，但还是会做做面子，像齐桓公和晋文公就都打出了"尊王"的口号。可楚国不同，不仅不"尊王"，还经常直接跟周天子硬杠。周天子不封楚，楚王就自封为王，看周天子不顺眼，就直接威胁。

有一次，讨伐周边小国的时候，楚庄王正好路过周天子居住的洛阳，他就让军队在洛阳城外摆开阵型，操练兵马。周天子吓得瑟瑟发抖，派了王孙满去犒劳楚军，示个好，探探底。

楚庄王一脸傲慢地接待了王孙满，他故意挑事："听说周王室的九鼎是天下至宝，我很好奇鼎的大小轻重。"这话非常无礼。传说九鼎由上古时期夏禹铸造，代表九州，是国家权力的象征。楚庄王的问话，是对周王室的藐视，也暴露了他的野心。

王孙满很机智，他说："统治天下在于是否施德政，而不在于鼎的大小轻重。天子仁德，鼎即使很小也会很重；天子奸邪，鼎再大也会很轻。当年，我周王室推翻了残暴的商朝，得到了九鼎，这是天命所归。现在周王室虽然衰微，可天命还没有改变。九鼎的轻重，是不可以随便问的。"

楚庄王明白，自己现在就想取代周天子成为天下之主，是不可能的，也就退兵了。

终成霸业

楚庄王放过了周天子，对其他诸侯国可就没那么客气了。有哪个诸侯国不服，他就会发兵攻打他们，用武力让他们臣服。不过，楚庄王虽然动不动就打架，可也是讲"道义"的。

有一次，陈国发生叛乱，有大臣造反杀死了陈国国君。楚庄王立刻带兵讨伐陈国，杀了反臣，并趁势吞并陈国。有大臣就说："牵牛践踏别人家的田固然不对，但田主人因此就牵走别人的牛，不是更加过分吗？大王打着大义的旗号，却贪图别人的土地，以后还怎么取信于天下诸侯？"楚庄王觉得有道理，就遵守道义，让陈国复国了。

还有一次，宋国杀死了楚国的使者，楚庄王就率军把宋国国都包围了起来，一围就是五个月。城内的粮食都吃完了，人们就相互交换子女来吃，劈开人骨当柴烧。楚庄王得知后，觉得宋国人很有气节，就退兵了。此次虽然没有战功，却大大增强了楚国在各诸侯国中的威慑力。

在楚庄王的武力征伐下，很多诸侯国都跟楚国签订了盟约，愿意以楚国马首是瞻，楚庄王成了春秋时期的新一代霸主。

可惜的是，公元前 591 年，楚庄王去世。其后的几十年间，楚国国力渐渐下滑。

读史启示

楚庄王为了整肃楚国内部朝政，"演"了足足三年的"戏"，让所有人都露出自己的本来面目，而他则在暗中观察，谁忠谁奸，一目了然，很有政治手腕。别人对着周天子惺惺作态，他却不做伪君子，宁做"真小人"，很真实地表露出自己的野心和目标。为了让其他诸侯国臣服，他又连年征伐，很有"进取心"。有人做过统计，楚庄王在位二十三年，将楚国疆土扩张了三千里，兼并了二十六个国家。在他看来，人生就是要前进，要为了实现目标而竭尽全力。

shí qī nián chūn　　chǔ zhuāng wáng wéi zhèng　　sān yuè kè zhī
十七年春，楚庄王围郑，三月克之。

rù zì huáng mén　　zhèng bó ròu tǎn①　qiān yáng yǐ nì②　　yuē　　gū
入自皇门，郑伯肉袒①牵羊以逆②，曰："孤

bù tiān　　bù néng shì jūn　　jūn yòng huái nù　　yǐ jí bì③　yì
不天，不能事君，君用怀怒，以及敝③邑，

gū zhī zuì yě　　gǎn bù wéi mìng shì tīng④　　bīn zhī nán hǎi　　ruò
孤之罪也。敢不惟命是听④！宾之南海，若

yǐ chén qiè cì zhū hóu　　yì wéi mìng shì tīng　　ruò jūn bú wàng lì
以臣妾赐诸侯，亦惟命是听。若君不忘厉、

xuān　　huán　　wǔ　　bù jué qí shè jì　　shǐ gǎi shì jūn　　gū
宣、桓、武，不绝其社稷，使改事君，孤

zhī yuàn yě　　fēi suǒ gǎn wàng yě　　gǎn bù fù xīn　　chǔ qún chén
之愿也，非所敢望也。敢布腹心。"楚群臣

yuē　　wáng wù xǔ　　zhuāng wáng yuē　　qí jūn néng xià rén　　bì
曰："王勿许。"庄王曰："其君能下人，必

néng xìn yòng qí mín⑤　　yōng kě jué hū　　zhuāng wáng zì shǒu qí　　zuǒ
能信用其民⑤，庸可绝乎！"庄王自手旗，左

yòu huī jūn　　yǐn bīng qù sān shí lǐ ér shè　　suì xǔ zhī píng
右麾军，引兵去三十里而舍，遂许之平。

——《史记·楚世家》

① 肉袒：袒衣露肉。

② 逆：迎接。

③ 敝：谦辞，用来称与自己有关的事物。

④ 惟命是听：同"唯命是听"，意思是让做什么，就做什么。指绝对服从。

⑤ 信用其民：诚信地治理他的人民。

译文

　　楚庄王十七年的春天，庄王派兵包围了郑国，三个月攻下了它。楚庄王从皇门进入郑国都城，郑伯脱去上衣袒露上身，牵着羊迎接庄王说："我得不到上天的庇护，又没能侍奉您，您因此发怒，来到我国，这是我的罪过。我怎么敢不听从您的命令呢！您把我流放到南海，或者把我当奴隶赏赐给诸侯，我都唯命是听。假如您没有忘记周厉王、周宣王、郑桓公、郑武公，不灭绝他们的国家，让郑国侍奉您，这是我的心愿，但这是不敢奢望的，只是大胆地向您说出我的心里话。"楚国的大臣们都说："大王不要答应他。"庄王说："郑伯能这样屈于人下，就一定能诚信地治理他的人民，怎么可以灭了他的国家呢？"说完，庄王亲自举起军旗，左右的人指挥军队，率军退后三十里驻扎下来，并答应与郑国讲和。

尔虞我诈

有一年楚国围困宋国，宋国没有粮食，被逼得"易子而食"，宋国一个大臣悄悄向楚国传递消息："宋国是不可能被胁迫投降的，如果楚国先退兵，宋国愿意求和。"第二天，楚庄王就让士兵撤退到三十里之外，宋国人果然派人来求和了，双方结盟的盟约上写着："我无尔诈，尔无我虞"。

我无尔诈，尔无我虞，意思是我不欺骗你，你也不要欺骗我。后来人们从中提炼出了"尔虞我诈"这个成语，意思是互相欺骗，互不信任。

华夏九鼎

鼎原本是用来烹煮食物的，后来才变成祭祀的礼器。

夏朝初年，大禹把中华大地划分成九个州，分别是冀、兖（yǎn）、青、荆、扬、梁、雍、徐、豫。他收集了每个州进贡来的青铜，铸成了九鼎，并把九州代表性的山川、特色事物镌刻到九鼎上面，象征九州。

夏、商、周三朝都将九鼎奉为象征国家政权的传国宝器，代表着中国古代至高无上的王权。天子祭祀天地祖先时要行"九鼎大礼"。直到今天，"鼎"的地位依旧不容撼动。2014年12月13日，国家在南京设置了国家公祭鼎，以纪念南京大屠杀的死难者。

东周后，周朝王室开始衰落，强大起来的诸侯对九鼎虎视眈眈，这才有了楚庄王直接杀到周天子脚下，"问鼎之大小轻重"。后来，人们就将政权的争夺，称为"问鼎"。成语"问鼎中原"的意思就是企图夺取天下。

九鼎到底有多重呢？楚庄王之后，秦武王也很好奇，最终还因为这份好奇心而送了命。公元前307年，秦武王带兵攻入了洛邑。天生神力的他特意到太庙的明堂中观看九鼎，还试着要把九鼎之一的龙文赤鼎举起来。没想到，他真的举了起来，只是鼎太过沉重，导致他两眼流血，膑骨折断，气绝身亡，年仅23岁。

你知道吗？

楚国的发展史就是一部创业史。

春秋战国时期，楚国疆域辽阔、实力雄厚，是最强大的诸侯国之一，世人有"得楚者得天下"的说法。别的国家的国君生前都称"侯"或"伯"，死后谥号称作"公"，只有楚国敢自封为"王"，实力是它的底气。

但在初周时期，楚国很穷，连一匹好马都没有。各诸侯国朝见周天子，只有楚国君主穿得破烂，拿出来的贡品也寒酸，招来了很多嘲笑。楚国君主知耻而后勇，他带领楚人艰难创业，在蛮荒中发展经济，还慢慢吞并周边的蛮夷部落，最终，楚国成了首屈一指的南方大国。

1.下面不属于"春秋五霸"的是（　　　）。

A.齐桓公 　　　 B.晋文公

C.楚庄王 　　　 D.秦怀公

2.有一年，楚军与晋军对战，楚军大胜，晋军死了很多人。有大臣建议楚庄王："我们可以把晋军尸首堆积起来，用土封上，做成一个纪念碑，以后给子孙看，让他们不要忘记先人的武功。"楚庄王拒绝了他的提议，说："在甲骨文里，'武'字是由'止'和'戈'两个字组成的，止息兵戈才是真正的武功。武的意义不是宣扬暴力，而是禁止强暴，给百姓带来安定的生活。我都没做到呢，没什么可以给子孙夸耀的。"

在象形字中，"武"字的上部是古代的一种叫"戈"的武器，下部是一个脚的形状，人们用表示脚趾的"止"来指代，"武"字的意思就是站稳了，拿着武器去战斗。

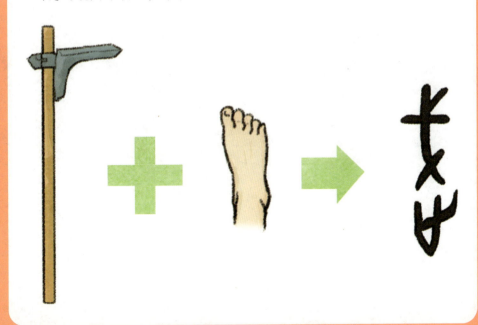

　　"武"字的字形发展到现在，经过了多年的演变，试着来写一写吧。

参考答案

　　1.D

　　2.

第五章

春秋最后的霸主：勾践

人物小传：勾践

别　　称	句践　鼓（tǎn）执
所处时代	春秋
生卒年	？—公元前 465 年
在位时间	公元前 497 年—前 465 年
人物标签	能屈能伸　善于用人　逆风翻盘

勾践，春秋时期越国君主。他早年被吴军打败，忍受着屈辱被迫求和。后来，他卧薪尝胆，慢慢积蓄力量，谋划了足足二十二年，等到时机成熟，一举灭掉了吴国，成为春秋时期最后一位霸主。

兵败求和

勾践刚继承王位不久，王冠还没戴稳，吴王阖（hé）闾（lú）就派兵杀过来了，他听说勾践父亲去世，觉得有机可乘。没想到，勾践不按常理出牌。他使用了自杀式攻击，派出了一支敢死队，分成三队，直愣愣地冲入吴军阵地，然后大喊大叫着自杀了。吴军当场被惊呆了，后面的越国大军再冲过来，他们也就没有即刻反击，结果，被打了个落花流水。混乱中，吴王阖闾中了一箭，不治身亡了。

吴王阖闾的儿子夫差即位后，每天让人在他耳边喊话："你忘了勾践的杀父之仇了吗？"勾践听说后，内心很忐忑：夫差这是早晚要找自己报仇啊！为了睡个安稳觉，他决定先发制人：趁着夫差还没准备好，先带兵去灭了他。

勾践身边的谋臣范蠡（lǐ）建议他不要这样干："咱们先杀了父亲，现在又带兵攻打儿子，这是违背天道的。"可勾践不听劝。他带兵杀了过去，果然被夫差打了个七零八落。最后，他带着五千残兵被吴军围困在会（kuài）稽山上。

勾践十分后悔，问范蠡："因为没有听从你的劝告，落得现在这个下场，接下来该怎么办啊？"范蠡给他建议："天道喜欢谦卑的人，现在只有低声下气地去找吴王求和了。"勾践这次听了他的话，派大夫文种一路跪着向夫差求和。勾践让文种传话，他愿意当夫差的奴仆，还愿意把自己的妻子送给夫差。

夫差准备同意，遭到了老臣伍子胥的阻拦："不趁着这个机会灭了越国，后患无穷！"文种就给夫差身边的权臣送礼，权臣将他引荐给吴王，他叩拜说："同意了，您得个仆人；不同意的话，勾践带着五千人跟您决一死战，您也得有损失。"一来二去，夫差就不顾伍子胥的阻拦撤兵了。

卧薪尝胆

　　勾践回国后，送了很多越国的奇珍异宝和美女给夫差，哄得夫差很开心，实际上，他心里一直想着怎么报仇雪恨。因为害怕自己的斗志被时间磨平，就每天以柴草当铺，并挂上一个苦胆，时不时就舔两口，苦得自己一激灵，然后念叨一遍："你忘记会稽山的耻辱了吗？"

　　战后的越国非常贫困，勾践每天都亲自下地劳作，他的妻子也亲自纺织，和普通的农家没什么区别。他每餐都只吃素菜，很少有荤腥，衣服也是怎么朴素怎么来，跟华丽绝对不沾边。为了笼络人才，他更是礼贤下士，对有才华的人特别恭敬。他还特别亲近百姓，关心百姓疾苦，与百姓同甘共苦。在勾践的带领下，越国的经济越来越发达，军事力量也越来越强大。

　　七年后，勾践觉得越国有能力向吴国复仇了。臣子就劝他："越国国力刚刚恢复，吴国对我们还没有放松警惕，恐怕很难取胜，倒不如隐藏实力。现在吴国正在与齐国和晋国交战，又与楚国结下深仇，我们不如联合这三国，等吴国疲惫不堪的时候，再一举灭了吴国。"勾践就又忍了下来。

　　又过了两年，吴国内讧（hòng），夫差听信谗言，让伍子胥自尽。伍子胥死前大笑着放话："我死后，一定要把我的眼睛挖出来放在都城的东门上，我要亲眼看着越国军队进城！"

　　又过了三年，勾践认为伍子胥已死，想攻打吴国，又被人劝下了。

　　这之后的第二年，夫差召集各诸侯国到黄池（今河南封丘西南）会盟，国内就留了点老弱残兵。勾践决定不装孙子了，他趁这个机会带兵杀了过去。越军大胜，不过勾践没把握现在就灭掉吴国，所以当夫差派人过来求和时，他就顺势撤兵了。

灭吴称霸

又过了四年，吴国在与齐、晋的战争中伤亡惨重，军民都疲惫不堪。勾践终于等来了报仇的机会，他率兵大破吴军。

历史戏剧化地重演了，勾践带兵把夫差困在了姑苏山上，夫差的大臣一路跪着来向勾践求情讲和，连说的话都跟当年文种说的类似。

勾践看夫差这么恳求，就想也放过他。范蠡说："当年在会稽山，是上天把越国赐给吴国，吴国没要。今天是上天把吴国赐给越国，越国不要的话，是会受到上天处罚的。"说完，就亲自击鼓命令军队继续前进。勾践偷偷地派人对吴王说："我可以找个偏僻的小村子给你住！"夫差辞谢后，就自杀了。自杀时，他用衣服盖住了自己的脸说："我没脸去见伍子胥。"

勾践平定吴国后，各诸侯国见识到了越国的实力，纷纷示好，以勾践马首是瞻，勾践成为诸侯中的霸主。

读史启示

勾践是一个逆风翻盘的典型人物。他被打败后，忍受着屈辱，恳求夫差放过他。在人生的最低谷，他默默地发愤图强，积蓄力量。他很沉得住气，耐心地等待机会，最终迎来了东山再起。他不愧是中华民族能屈能伸、百折不挠、发愤图强的楷模。

059

勾践之困会稽也，喟然叹曰：“吾终于此乎？”种曰：“汤系夏台，文王囚羑里，晋重耳奔狄，齐小白奔莒，其卒王霸。由是观之，何遽①不为福乎？”

吴既赦越，越王勾践反国，乃苦身②焦思，置胆于坐，坐卧即仰胆，饮食亦尝胆也。曰：“女忘会稽之耻邪？”身自耕作，夫人自织，食不加肉，衣不重采③，折节④下贤人，厚遇宾客，振贫吊死⑤，与百姓同其劳。

——《史记·越王勾践世家》

注释

① 何遽：表示反问，怎么。

② 苦身：使动用法，即"使身体受苦"。

③ 重采：多种颜色的华美衣服。

④ 折节：委屈自己，降低身份。

⑤ 振贫吊死："振"通"赈"，赈济的意思。"贫"形容词活用为名词，意为"处境困顿的人"。"吊"，慰问的意思。"死"活用为名词，意为"死难者的家属"。整句的意思是：赈济处境困顿的人，慰问死难者的家属。

译文

越王勾践被围困在会稽山中，他长叹说："我就这样完了吗？"文种说："商汤曾被关押在夏台，周文王曾被囚禁在羑里，晋文公重耳曾逃亡到狄国，齐桓公小白曾到莒国避乱，他们最终建立了霸业。这样看来，今天的困境怎么就不能成为福气呢？"

吴王赦免越王后，越王勾践返回越国，从此便吃苦耐劳，冥思苦想地准备报仇雪恨。他把苦胆放在座位旁，坐着或躺着都能抬头看到，吃饭前他会先尝尝苦胆，对自己说："你忘了会稽山失败的耻辱了吗？"他亲自耕种，他的夫人也亲自织布，吃的菜全是素的，没有肉，不穿有多种颜色的衣服，放下姿态礼待贤士，厚待宾客，救济贫困的人家，慰问死者的家人，与百姓同甘共苦。

鸟尽弓藏，兔死狗烹

勾践做了霸主后，开了个庆功宴。宴席上，独独少了功劳最大的范蠡。原来，范蠡已经悄悄远走他乡了。临走前，他给共患难的老友文种留下了一封信，信中说："鸟尽弓藏，兔死狗烹。"意思是飞鸟打完，好的弓箭也该藏起来了；兔子打完了，就轮到将猎狗煮来吃了。他这是劝文种赶紧功成身退，文种没听。结果没多久，勾践听信谗言说文种要造反，就送了一把宝剑过来。文种一看，立刻明白了勾践的意思，就用这把剑自杀了。

现在人们常用"鸟尽弓藏，兔死狗烹"这个成语来比喻事情成功之后，把曾经立过功的人一脚踢开。

鸟尽弓藏，兔死狗烹。快逃吧！

文种

范蠡

中华剑文化

在湖北省博物馆，有一把越王勾践剑，是中国一级文物，被誉为"天下第一剑"。神奇的是，这把剑是从春秋时期楚国的贵族墓葬中发现的，越王的贴身佩剑是怎么跑到楚国来的呢？

有一种说法是，楚昭王娶了越王勾践的女儿，这把剑很可能是勾践给女儿的嫁妆，随着婚嫁被带到了楚国。

很多人都知道，剑是一种兵器，除此以外，在古代，剑还是礼品、嫁妆，也是身份、荣誉的象征。秦汉时期，除了武将外，皇帝还有少数文臣都喜欢随身佩剑来显示自己的身份。臣子立了大功，皇帝还会赏赐宝剑作为奖励。士人贵族们也会通过相互赠剑来表达友情。

到了唐代，剑深入到了哲学、文化、娱乐的圈子，诗仙李白本身就是个用剑高手，喝酒高兴了就会来一段剑舞，想抒发坚毅、忠贞的感情，就会把剑写进诗里。

商家鼻祖

范蠡离开勾践，漂洋过海来到齐国，化名为鸱（chī）夷子皮，与家人一起在海边耕田劳作，兼营副业并经商，没几年，就积累了数十万家产。相传，他还将几年的养鱼经验进行整理，写成了《养鱼经》一书，帮助更多人一起致富。当时的齐国国君听了他的事迹后，请他做了宰相。

范蠡感慨道："治家积累千金，做官位至宰相，长此以往不是件好事。"于是送还了相印，又把自己的家财分给了当地的朋友、乡亲，然后带着家人又悄悄离开了。

这一次，范蠡到了定陶，自称"陶朱公"。他带着儿子耕田、畜牧，买进卖出，没几年，又积累了万贯家财，他再次将家产散发给穷苦百姓。

范蠡一生几次散尽家财，又重新聚拢财富，他是历史上第一位公益慈善家，是世人公认的商圣、商祖，还被后世尊为"文财神"，许多生意人会在家里供奉他。

你知道吗？

勾践卧薪尝胆的"胆"是用牛、马、猪等动物的胆囊晒干而成的苦胆。

胆囊是一个梨状的袋子，在肝脏右叶的下部，里面有黄绿色的胆汁，具有浓郁的苦味。

中医认为，苦胆具有利水消肿、清热解毒的作用，是一味极好的药材。

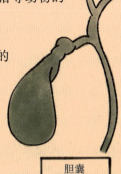

胆囊

1.翻译下面的句子。

女忘会稽之耻邪?

2.下面关于勾践的知识点错误的是( )。

A.春秋时期越国君主。

B.因"卧薪尝胆"的典故,勾践给人阴险邪恶的印象。

C.勾践,也可写作"句践"。

D.勾践和夫差斗争了很多年。

3.成语"卧薪尝胆"就出自勾践的故事,后来人们常引用"卧薪尝胆"给自己加油打气,鼓舞自己在逆境中要坚强。你还知道哪个典故中用到了"卧薪尝胆"?哪个成语与它意思相近?

参考答案

1.你忘了会稽失败的耻辱了吗?

2.B

3.示例:

《聊斋志异》的作者,清代的蒲松龄曾多次参加科举考试,结果都没考中,他就写了一副对联激励自己,里面就用到了卧薪尝胆这个成语:

有志者事竟成,破釜沉舟,百二秦关终属楚;

苦心人天不负,卧薪尝胆,三千越甲可吞吴。

跟"卧薪尝胆"意思相近的成语还有"枕戈饮胆",意思是头枕着兵器,嘴里尝着苦胆。形容时时警惕,刻苦自励,随时准备着杀敌报仇雪耻。

第六章

千古一帝：秦始皇嬴政

别　　称	赵政
所处时代	战国至秦
生 卒 年	公元前 259 年—前 210 年
在位时间	公元前 247 年—前 210 年
人物标签	统一中国　千古一帝　始皇帝

　　秦始皇是中国历史上第一个使用"皇帝"称号的君主。他十三岁继承秦国王位，三十八岁灭掉六国，统一中国。他建立的秦朝是我国第一个统一的多民族国家，他创立的中央集权的政治格局影响了中国两千余年。

　　嬴政，是秦庄襄王嬴异人的儿子。他小时候不跟着父亲姓嬴，而是姓赵，名叫赵政。

　　早年间，嬴异人是一个不被重视的公子，被送到了赵国做人质。秦、赵两国的关系很不好，时不时就发生一些小战争，嬴异人作为质子，日子过得自然艰难，没有一点儿人权。他的儿子在赵国出生，也就只好跟着赵王姓赵了。

　　赵政自小跟着父亲过着朝不保夕、提心吊胆的日子，一晃就是八年。他八岁时，嬴异人在大商人吕不韦的帮助下，被立为了秦国太子，地位一下就尊贵了，赵政也被接回了秦国。

好不容易回到了秦国，嬴政的安稳日子还没过上几年，才做了三年秦王的父亲突然离世，小小的嬴政在匆促间即位了，这年他才十三岁。

虽然当了秦国的国君，可他什么都不懂，也没有实权，事事都得听"仲父"吕不韦的，说白了他就是个傀儡。

掌握实权

公元前 239 年，嬴政二十一岁了，他终于受够了提线木偶的日子，想要把政权拿回自己手中。

当时，一个名叫嫪（lào）毐（ǎi）的权臣非常受赵太后宠信，被封为长信侯，权势滔天，骄横跋扈，谁都不放在眼里。终于有一天，嫪毐的罪行被人捅到了嬴政面前，嬴政正愁没地方下手呢，正好拿嫪毐开刀。

嫪毐听说有人告发了自己，顿感不妙，干脆先发制人，盗取了秦王和太后的大印，私自调兵发动了"蕲（qí）年宫之变"。

嬴政立即发兵攻打嫪毐，嫪毐怎么可能是嬴政的对手呢？失败逃窜的嫪毐被嬴政悬赏通缉：杀死嫪毐的人赏钱五十万，活捉嫪毐的人能拿到一百万的赏金！

很快，嫪毐及其同党全部被抓住。愤怒的嬴政将嫪毐处以最残酷的刑罚——车裂，还灭了他的全族，嫪毐的同党也全部被斩首示众。因为嫪毐曾是吕不韦的门客，也是吕不韦进献给赵太后的，于是，嬴政便以此为名，罢免了吕不韦的相国之职，将其遣出京城，赶去河南的封地。一年多后，嬴政因害怕吕不韦会造反，便写信斥责吕不韦，并将其流放到巴蜀地区。吕不韦最终因忧惧自杀。

不出三年时间，嬴政终于将政权独揽于自己手中，成为名副其实的秦王。

废除逐客令，重视人才

战国后期，各诸侯国长年割据混战，而秦国因为早年推行了商鞅变法，经济和军事得到迅速发展，实力在七个诸侯国中是最强的。嬴政亲政后，下定决心要吞并六国，结束四分五裂的割据局面。

就在这时，秦国发现帮助秦国修渠的韩国人原来是名间谍，而原相国吕不韦也不是秦国人，于是有大臣就建议说："秦国的这些外来人都不安好心，应该把他们全都驱逐出去。"所以嬴政就下了一道"逐客令"，搜索在秦国的外地人加以驱逐。来自楚国的谋士李斯眼看自己也要被赶出秦国，于是写了一封著名的奏章《谏逐客书》，成功地让嬴政废除了"逐客令"。

还有一次，一个叫尉缭（liáo）的魏国人来见嬴政，献了个计策：用财物贿赂六国的重臣，阻止六国联合。嬴政当即采用了他的计策，并对他礼遇有加，还赏赐给尉缭与自己同等的饭食和衣服。

谁知尉缭善于相面，见过嬴政后，私下里说："秦王的相貌，鼻梁高，眼睛细长，胸和鹰一样突起，声音像豺狼，不是个仁德的人。我是个平民，他都能屈尊在我之下，不是个能长期相处的人。以后等他得了天下，天下人都得成为他的奴隶了！"他准备找个时机逃走。

嬴政知道了以后，不仅没生气，还诚恳地挽留尉缭，封他做了国尉（在秦朝，国尉是最高军事长官）。

嬴政对人才的礼遇和重视，使得越来越多的贤士汇聚过来。强者愈强，秦国顺利地吞并了其他六个诸侯国，完成了统一大业，建立了我国历史上第一个统一的封建王朝——秦朝。

开创帝制

统一全国后，"秦王"这个称呼显然就不合适了，改个什么称呼呢？

嬴政统一了全国，建立了大一统的王朝，十分得意，认为他的成就简直盖过了上古的三皇五帝，就把自己的称号改为"皇帝"。他是中国第一个皇帝，于是被称为"始皇帝"。

国家这么大怎么管理呢？

秦始皇研究出了"郡县制"。先前的周朝实施的是"分封制"，被分

封的诸侯是封地的"土皇帝"，封地内部的很多事情天子都无权过问，很容易就失控。郡县制就不存在这个问题了：嬴政把全国分成三十六个郡，郡下面有县，郡守和县令都由皇帝直接任命，权力都集中在了中央。

六国统一了，可不同地域的百姓们使用的文字、货币、道路交通、度量标准都不同，相互间的交往很不顺畅。于是秦始皇又做了一系列的大事：把货币统一成秦国的圆形方孔半两钱，把文字统一成小篆，让各国使用的长度（度）、容量（量）、重量（衡）标准都按照秦国的标准来，把车辆和道路的宽度也统一了。车同轨，书同文，统一货币和度量衡，中国才算是真正统一了。

英年早逝

接下来，秦始皇又做了影响后世千年的一件大事：为了抵御外来入侵，他每年征调四十多万民夫，修筑了万里长城。公元前 212 年，为了巩固自己的统治地位、彰显自己的功绩，也为了享乐，秦始皇又下令大兴土木，建造雄伟宏大的阿（ē）房（páng）宫。

无数劳工在饥寒交迫中活活累死。

为了防止老百姓反抗自己，秦始皇把天下的兵器都收集起来；而为了能多活几年，他又派人四处搜罗长生不老药。

结果呢？他没有长生，反而在公元前 210 年，五十岁正当壮年的时候就早早地去世了。

还过吴，从江乘①渡。并海上，北至琅邪。方士徐市等入海求神药，数岁不得，费多，恐谴，乃诈曰："蓬莱药可得，然常为大鲛鱼②所苦，故不得至，愿请善射与俱，见则以连弩③射之。"始皇梦与海神战，如人状。问占梦，博士曰："水神不可见，以大鱼蛟龙为候④。今上祷祠备谨，而有此恶神，当除去，而善神可致。"乃令入海者赍⑤捕巨鱼具，而自以连弩候大鱼出射之。自琅邪北至荣成山，弗见。至之罘⑥，见巨鱼，射杀一鱼。遂并海西。

——《史记·秦始皇本纪》

073

① 江乘：古地名，春秋时楚国金陵邑。

② 大鲛鱼：大鲨鱼。

③ 连弩：可以连续发射的弓箭。

④ 候：窥伺，侦察。

⑤ 赍：怀着，抱着。

⑥ 之罘：山名，也作芝罘，在今山东烟台北。

译文

　　秦始皇返回时经过吴地，从江乘县渡过长江，沿海北上，到达琅邪。方士徐市（即徐福）等人到海上求取仙药，好几年仍然一无所得，花费了很多钱财，他们害怕遭到惩处，就骗秦始皇说："蓬莱仙药可以找到，但是因为常常遭到大鲨鱼袭击，所以不能到达，希望皇上派一些擅长射箭的人和我们一起去，遇到大鲨鱼就用连弩射杀它。"秦始皇做梦和海神交战，海神和人的样子很像。秦始皇请人给自己解梦，解梦的博士说："水神本来是看不到的，它用大鱼和蛟龙作先导。现在皇上的祭祀周到恭敬，却出现这种恶神，应当除掉，然后就可以找到善神了。"于是秦始皇命令入海的人携带捕大鱼的工具，而秦始皇则亲自带着连弩，等候大鱼出来，然后射杀它。然而从琅邪向北直到荣成山，都没有遇见大鱼。到达之罘的时候，遇见了大鱼，射杀了一条。接着又沿海向西进发。

郑国渠

在前面的故事中，秦国统一六国前抓住的奸细名叫郑国，是从韩国派来的，他是一名水利工程师。他打着协助修水渠的幌子进入秦国，真正的目的是通过修水渠来大量耗费秦国的人力、财力，削弱秦国的战斗力。但没想到，郑国渠建成后，秦国大片干旱的农田得到了灌溉，粮食产量突增，秦国反而变得更加强大了。

秦始皇的四大工程

秦始皇这位中国的"始皇帝"，不仅是位杰出的政治家，还是位出色的"工程师"，一生都致力于"工程建设"。前面故事中提到的万里长城和阿房宫，都是他的四大工程之一，还有另外两大工程分别是秦直道和秦始皇陵。

没想到吧，朕还是个"基建狂魔"！

万里长城

秦国之前就有了长城，只不过都不是很长，分散在各处。秦始皇先是将战国时秦、赵、燕三国的长城进行了维修和连接，在此基础上，又修建了新的长城。秦长城西起甘肃，东到辽宁和吉林，蜿蜒超过了一万里，从此中国才有了"万里长城"。

阿房宫

这座被后世誉为"天下第一宫"的宫殿，非常雄伟宏大。它始建于公元前212年，直到公元前207年秦朝灭亡都没有建完。相传，项羽攻入咸阳后一把大火将其烧毁了。

秦直道

秦直道堪称世界上最早的"高速公路"，由咸阳通往北境阴山间的九原，全长800多千米，全部用黄土压实。因为它从总体上南北直通，所以被叫作"直道"。这个长度的公路，放在今天，也是个大工程。秦王朝虽然"短命"，可这条路却被沿用了一两千年，直到清朝时才逐渐废弃。

秦始皇陵

嬴政刚做秦王的第一年，就开始动手修建自己的陵墓了，直到秦朝灭亡的前一年——公元前208年才完工，总共历时39年！这座帝王陵，仅占地面积就超过56平方千米，比很多县城都大！它的规模之宏大，设计之完善，堪称世界奇迹，就连它的陪葬坑——兵马俑坑，都被称为"世界第八大奇迹"。值得庆幸的是，秦始皇陵至今保存完好，未被发掘，但根据史料记载，陵墓里有各式宫殿和无数的奇珍异宝，是一座名副其实的豪华地下宫殿。

秦始皇的冕冠

　　秦始皇头上戴的帽子大有讲究。这个帽子叫冕冠，前后垂挂的玉串叫作旒（liú）。其垂落下来，正好挡住眼睛的视线。这就是所谓的"视而不见"，意思是，戴冕冠的人不必去看那些不该看的东西。

　　在冕两侧，有对穿的孔，用来穿插玉簪，将冕冠与发髻拴在一起。在簪的一端，系有一根丝带，丝带从皇帝的颌下绕过，再系在簪的另一端。在丝带经过两耳的位置上，各垂一颗珠玉，叫"充耳"。走起路来，充耳一晃一晃的，提醒皇帝不要听信谗言，成语"充耳不闻"就是这么来的。不过，这里的"充"表示塞住，"充耳不闻"的意思是塞住耳朵不听，常用来形容不听别人的意见或劝告。

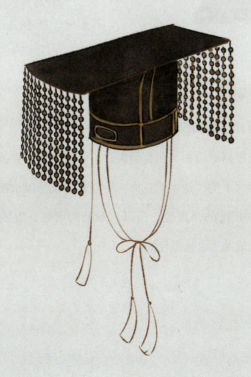

传国玉玺

秦王嬴政自称"始皇帝"后，为了凸显自己的皇权，做了很多事，其中之一就是制作了玉玺。相传，秦始皇让丞相李斯在和氏璧上雕刻了五条龙，正面刻有"受命于天，既寿永昌"八个大字，把它制成了皇帝专用玉玺，并规定其他人的印章叫"印"，只有皇帝的印章叫作"玺"。

自此之后，传国玉玺就成了君权神授的象征，被认为是中国历代正统皇帝的信物。失去了玉玺的皇帝就被认为是"气数已尽"，得到玉玺的人即皇帝位就叫"受命于天"，没有玉玺的人登基称帝，会被人指指点点，说他是"白版皇帝"，不正统、不合法。

你知道吗？

秦朝的官方服饰都是以黑色为主的。

秦始皇根据五行相生相克的说法，认为周代以火德立国，崇尚红色，秦灭了周，是水能克火，所以秦应该是以水德立国。因五色中与水相配的是黑色，所以，秦朝的衣服、旗帜都崇尚黑色，秦始皇的龙袍也是黑色的。

1."六合之内,皇帝之土;乃今皇帝,一家天下。"这则记功石碑说的是(   )。

A.周天子分封天下。

B.秦始皇统一中国。

C.汉武帝开拓疆土。

D.忽必烈定乾元。

2.(判断题)秦始皇统一全国后,为了维护自己权力和权威,改"命"为"制",改"令"为"诏"。(   )

3.秦朝推行的郡县制有清晰而严格的等级。

皇帝直接领导的是中央政府,中央政府下的地方行政单位就是郡。郡守是一个郡的最高行政长官,郡守下有两个辅佐职位:郡尉,掌管军事;郡监,负责监察。

郡以下是县。县令掌握全县政务,县令下也有两个辅佐职位:县尉,掌管军事和治安;县丞,掌管全县司法。

县以下是乡。乡里设三个职位,三老掌教化,啬(sè)夫掌诉讼和税收,游徼(jiào)掌治安。

乡以下是里。它是秦国最基层的行政单位,负责当地事务的叫里正或里典。

单单看文字的话,有点儿绕,我们可以把郡县制的结构用思维导图做出来,试试看吧。

参考答案

1. B

2. √

3. 示例：

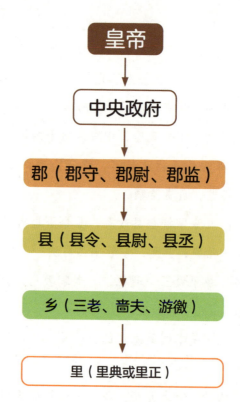

第七章

西楚霸王：项羽

人物小传：项羽

别 称	项籍　项王　愤王
所处时代	秦朝末年
生 卒 年	公元前 232 年—前 202 年
人物标签	志大才疏　骁勇善战　杀人如麻
	有勇无谋　刚愎自用　优柔寡断

　　项羽是一位卓越超群的军事统帅，24 岁起兵反秦，27 岁成为分封十八路诸侯的西楚霸王，30 岁自刎乌江。在带兵上，他骁勇异常、能征善战，有百战百胜之才。而在执政用人上，他却嫉贤妒能，刚愎自用，坑杀战俘，失尽人心。他是当之无愧的英雄豪杰，也是壮志难酬的西楚霸王。

　　项羽出自楚国将门世家，小时候不喜欢读书识字，对习武练剑也不感兴趣，叔叔项梁恨他不争气，他还有理："写字，会写名字就够用了。剑术学好了，一次只能跟一个人搏斗。我想学能对付上万人的本领。"项梁被说服了，就开始教导他兵法。有一次，秦始皇在会稽游玩，项梁也带着项羽前去一睹天颜。项羽远远看到秦始皇在江中泛舟，随口说道："这有什么，我可以替代他！"吓得项梁赶紧捂住了他的嘴。不过，从此以后，项梁再也不敢小瞧眼前的这个小伙子了。

巨鹿之战

公元前 209 年，陈胜吴广在大泽乡起义，各地纷纷响应，项羽也召集兵马起义反秦。他上阵杀敌非常勇猛，所到之处伤亡一片，凭借着强大战力，他的队伍迅速扩大，身边也聚集了不少能人给他出谋划策。

公元前 207 年，各诸侯的军队加起来才数万人，和 40 万秦军主力在巨鹿对峙。众首领畏畏缩缩不敢往前冲，项羽先是让手下将士们敞开吃了一顿饱饭，又让每人怀里揣上三天的干粮，然后下达命令：砸碎做饭的锅，凿穿渡河的船。他这一招叫"破釜沉舟"，把自己的退路全都堵死了，要想活命，就得打败前面的敌人。

项羽手下将士们知道没有退路，都表现得格外英勇，发挥出了以一当十的威力。经过了九次交锋，秦军的几个主将，或被杀或被俘虏或自杀。这一战就是历史上著名的巨鹿之战，项羽以少胜多，大获全胜。

战争结束，项羽招呼旁边一直没敢动手的其他诸侯将领过来，进门的时候，这些人都跪在地上爬行，不敢看项羽的脸。他们对项羽心服口服，

项羽理所当然地成了诸侯联军的首领。

这一战还重创了秦朝主力，秦军主将章邯（hán）受不了项羽的一路乘胜追击，就投降了。项羽同意了，便封章邯为雍王，两军并在一起继续前进。

将军们和解了，可士兵们却没法立刻和解。当年，秦军耀武扬威，对那些战败诸侯国的士兵又打又骂；现在，风水轮流转，各诸侯国的将士对投降过来的秦国官兵自然也尊重不起来，找个机会就像对待奴隶一样羞辱他们。这些秦国官兵就私下里议论，认为在秦国的家人肯定活不成了，他们未来的日子肯定也不好过。这些话传到了项羽这里，项羽担心他们以后临阵倒戈，就趁夜把这 20 多万秦军全部杀死，挖了个大坑埋了。

洗劫咸阳

当时，诸侯联军一起向秦国首都咸阳进军，项羽的队伍吸引了秦军的主要火力，等他好不容易获胜的时候，却得到消息——刘邦先一步攻进了咸阳城。刘邦身边有一个人给项羽送信说："刘邦想在关中称王，还想把城里的奇珍异宝据为己有。"项羽很生气，他整顿士兵，准备对付刘邦。

刘邦知道后，连忙通过项羽的叔叔项伯传话说自己没有称王的心思，自己进入咸阳后，已经很识相地退出去了。项羽的气消了一大半，双方约定在城外一个叫鸿门的地方会面。于是，历史上著名的"鸿门宴"上演了。

项羽和刘邦见面之后，刘邦一个劲儿地道歉，表忠心，项羽的气立刻就全消了。整个鸿门宴中，项羽的谋士范增一直给项羽使眼色，让他下令杀掉刘邦，可项羽都假装看不见，没有对刘邦动手。后来，刘邦借口说要上厕所，趁机溜走了。

鸿门宴之后，项羽领兵进入了咸阳城，他就像土匪一样，把咸阳洗劫一空，然后一把火烧了咸阳城。当时，有人劝项羽："咸阳是个风水宝地，有群山和黄河阻挡外来入侵，周围的土地肥沃富饶，以它为都城来创建霸业很合适。"可项羽根本不听，他说："得到富贵却不回故乡，就像穿着绣花的衣服在夜里走路，有什么意思！"那人继续劝道："你这样想，跟那些戴帽子的猕猴有什么区别？"项羽不听劝，还把这个人煮杀了。

分封诸侯

灭了秦国后，项羽没有效仿秦始皇搞统一，他自封西楚霸王，把土地分封给了各路诸侯将领。没多久，各诸侯国就因为抢地盘又打起来了，项羽多次出兵都没能平息，而刘邦的汉军在战乱中越来越强大。

刘邦的实力增强了，可还是没有跟项羽对战的资本，他就使出了离间计，离间项羽和他的臣下。项羽本来就是个有勇无谋的人，再加上他疑心病重，不信任身边的谋士，导致他在与刘邦的对抗中越来越处于下风。

公元前 202 年，刘邦带兵一路追击项羽，把他困在了垓（gāi）下（古地名，在今安徽固镇东北，沱河南岸）。项羽带人突围，他彪悍的武力值再次发挥神威，一个人就杀了几百个汉军。刘邦听从张良的建议，半夜里，让士兵唱起了楚地的民歌，楚国的士兵听到后，思念故土，士气一下就低落下来，无心再战。

项羽心情非常低落，他喝着酒，唱了一首悲伤的《垓下歌》，一直跟

我堂堂西楚霸王，为什么会败给刘邦那么个小人？

在他身边的爱人虞姬和将士们全都跟着哭了起来。

最后，他成功杀到了乌江边，那里有船只正等着他。船夫招呼他上船："大王快快渡江，江东地区方圆有一千里，民众也有几十万，足以东山再起了。"项羽想到这样灰头土脸地回老家，突然就泄气了，他苦笑着说："我无颜见江东父老啊！"说完，他就拔剑自刎了。

一代枭雄西楚霸王就此结束了他的生命。

读史启示

项羽勇猛无敌，可他的性格却有致命的弱点：他刚愎自用，不能知人善任，又听不进别人的劝谏，做不到用人不疑，并且优柔寡断，将一把好牌打了个稀烂。最后，明明有东山再起的机会，可他却因为觉得没脸见人，选择了自杀。从项羽的一生，我们可以总结出，逞匹夫之勇是没什么大用的，善于发现别人的优点和长处，知人善用，乐于沟通和听取别人的意见，才能够让我们的路越走越宽。

原汁原味
学古文

项王乃复引①兵而东②，至东城，乃有二十八骑。汉骑追者数千人。项王自度③不得脱，谓其骑曰："吾起兵至今八岁矣！身④七十余战，所当⑤者破，所击者服，未尝败北，遂霸有天下。然今卒⑥困于此，此天之亡我，非战之罪也！今日固决死，愿为诸君快战，必三胜之，为诸君溃围，斩将，刈⑦旗，令诸君知天亡我，非战之罪也。"

——《史记·项羽本纪》

❶ 引：率领。

❷ 东：向东走。

❸ 度：估计，猜测。

❹ 身：亲身经历。

❺ 当：阻挡。

❻ 卒：最终。

❼ 刈：本意是"割（草或谷类）"，这里是"砍倒"。

译文

项王又带着骑兵向东跑，到达东城的时候，身边就只剩下二十八个骑兵。汉军骑兵追赶上来的有几千人。项王估计自己逃不掉了，对他的骑兵说："我带兵起义到现在已经八年了，亲身经历了七十多次战斗，阻挡我的敌人都被我打垮，我攻击的敌人全都被我降服，从来没有打过败仗，因而才能称霸，得到天下。然而今天最终被困在这里，这是上天要灭亡我，不是我打仗的过错啊！今天肯定是我的死期，我愿意为各位痛快地决一死战，一定胜它三次，给诸位冲破重围，斩杀汉将，砍倒军旗，让诸位知道是上天要灭亡我，并不是我不会打仗。"

四面楚歌

项羽被困垓下时，手下的兵士不多，粮食也没多少了。一天晚上，四面围困住他的军队突然唱起了楚地的民歌，项羽非常吃惊："难道刘邦已经把楚人都征服了吗？为什么他的部队里的楚人这么多呢？"刘邦让人唱楚歌，就是为了动摇项羽和他手下将士的斗志，项羽果然中计了。

"四面楚歌"原意指的是四面八方都响起楚地的山歌。现在人们用这个成语比喻四面受敌，孤立无援。

垓下歌

听到四面楚歌，项羽心情低落，他看着身边一直跟着自己的爱人虞姬和爱马乌骓（zhuī），想到他们跟着自己落得如今下场，忍不住悲痛地唱起歌来，他唱的就是这首流传甚广的《垓下歌》：

> 力拔山兮气盖世，
>
> 时不利兮骓不逝。
>
> 骓不逝兮可奈何，
>
> 虞兮虞兮奈若何！

意思是，力气能拔大山，豪气盖世。时运不济啊，乌骓马再不能奔驰。乌骓马不再奔驰啊，我能怎么办？虞姬啊虞姬，我又该把你如何安置？

这首《垓下歌》表达了项羽平生的威武豪气，也表达了他对爱人虞姬和爱驹乌骓马的不舍，抒发了他在汉军的重重包围下沉痛悲愤而又无可奈何的心情。

衣锦夜行

项羽攻占咸阳后，执意要回家乡，他说："富贵不回故乡，好比穿着锦绣衣服在夜间行走，谁能看得到？"人们从这句话中，延伸出一个成语"衣锦夜行"，用来比喻享有荣华富贵而没有在人前显示。

霸王别姬

大家都听过"霸王别姬"的故事吧！

很多影视剧、戏曲都演绎了这个凄美的故事，故事的高潮基本都是这样的：项羽被困垓下，想着很难突出重围了，便与虞姬作别。伴着虞姬的绝美舞姿，他大声唱出《垓下歌》，歌停舞毕，虞姬就拔剑自刎了。

相传虞姬原本是楚国贵族，与项羽自小就是邻居，两人青梅竹马，一直相伴左右，项羽去哪里都带着虞姬。虞姬对项羽的誓死不离，令世人唏嘘不已。

后来，在虞姬自刎的地方，人们发现了一种美丽的、不知名的花草，就给它起了个名字叫"虞美人"，用来纪念虞姬。

后人眼中的项羽

项羽这个人很有争议性，一千个人眼里就有一千个项羽。

就拿项羽乌江自刎这件事来说，这么做是对的吗？应该支持吗？

支持的人会觉得，世人都怕死，而项羽却顶天立地，以偷生为耻，不畏惧死亡，令人敬仰。就像宋代词人李清照写的："生当作人杰，死亦为鬼雄。至今思项羽，不肯过江东。"

那我到底该不该过乌江呀？

然而有些人却表达了不同看法。他们觉得，只不过一次战场失利，项羽便自杀，男子汉大丈夫，难道就不该能屈能伸，找到机会再卷土重来吗？如果刘邦也像他这样，那不知道死过多少回了，还能最后建立汉王朝，当上皇帝吗？杜牧作为反对派代表，就写了一首《题乌江亭》来表达他的观点："胜败兵家事不期，包羞忍耻是男儿。江东子弟多才俊，卷土重来未可知。"

　　你赞成项羽的做法吗？

你知道吗？

　　乌骓马在项羽时期号称天下第一骏马，它通体乌黑，就像黑缎子一样，只有四个马蹄子白得像雪，人们又叫它"踏云乌骓"。

　　相传项羽自刎前，将乌骓马送给了乌江边上的渔夫，渔夫带着乌骓马渡河。眼看着就要上岸，乌骓马看到项羽自刎，痛苦嘶鸣，然后翻落入水，也自杀了。民间传说中，它背上的马鞍，落到地上化成了一座山，这就是马鞍山。

1.下面诗词与项羽无关的是（   ）。

A.盖世英雄力拔山，岂知天意在西关。

B.倘使当年能忍辱，何难割据王江东。

C.燕丹计尽问田生，易水悲歌壮士行。

D.拔山力尽乌江水，今古悠悠空浪花。

2.（判断题）司马迁认为项羽霸王的地位虽然不能维持到底，但是这显赫的功业是近古以来不曾有过的，他的失败缘于其自大且做法不得人心。（   ）

3.假设项羽没有自杀，而是坐船逃回了江东，你认为他接下来的命运会如何呢？说出你的理由。

_____

_____

4.在巨鹿之战中，项羽破釜沉舟向秦军发起进攻，其他诸侯将领却只是躲在壁垒里观看，直到项羽打败秦军之后，他们才敢从壁垒里出来。这就是成语"作壁上观"的由来。

"作壁上观"比喻坐观成败，不肯出力帮助争斗者中的一方。多用于别人需要帮助或有两方的人相争的场合，含贬义。

结合平时的学习和生活，试着用"作壁上观"造两个句子。

_____

_____

📖 互动小课堂

1. C

2. √

3. 示例：我觉得项羽最终还是会失败，这是由他的个人特点决定的。他只有匹夫之勇，志大才疏，没什么谋略，而且不能知人善任，又刚愎自用听不进忠言，到死也没能找到自己最终失败的原因，只能无奈地归罪于老天。与刘邦对决，他注定只能以失败收场。

4. 示例：

（1）运动会是班级凝聚力的试金石，同学们应该积极报名，踊跃参加，怎能作壁上观、置身事外。

（2）我们必须知道，在人生的舞台上，没有谁可以作壁上观，我们每个人都该倾情投入、奋力拼搏。

第八章

乱世雄主：汉高祖刘邦

人物小传：**刘邦**

别　称	刘季　沛公
所处时代	秦—汉
生卒年	公元前 256 年或前 247 年－前 195 年
在位时间	公元前 202 年－前 195 年
人物标签	中国历史上的第一个平民皇帝
	知人善任　虚心纳谏　励精图治

刘邦，汉朝的开国皇帝。他出自普通的农民家庭，没怎么读过书，也没学过武。要钱没钱、要才没才，却带着一帮兄弟打下了天下，当上了皇帝，对中国的统一做出了突出的贡献。

刘邦，出生于沛郡丰邑中阳里（今江苏丰县）的一户农民家庭。

他自小就是个不招人喜欢的孩子，不好好读书，也不踏踏实实地务农，每天跟一帮朋友喝酒、胡吹、闲逛，就是不干正事。街坊邻居包括他爹娘，都瞧不上他，认为他是个地痞流氓。

刘邦也不解释，他觉得这帮人不理解自己，说了也是白说。他生活的时代，社会动荡不安，老百姓没一点人权，处处被欺压。他不想过这种老实本分、忍气吞声的憋屈日子。他看起来是在混日子，其实是在找出路呢！

有一次，秦始皇出巡，刘邦站在人堆里，看着秦始皇高车大马、前呼后拥的尊贵样子，暗暗立誓："大丈夫不做这样的人上人，还不如不当人！"

斩蛇起义

在朋友的举荐下，刘邦当上了村里的治安官。有一次，他接到了上级的一个命令：押送一批犯了点小错的老百姓到骊山给皇帝盖房子。

路上，被押送的人时有逃亡。刘邦估计等到达骊山时，人都跑光了。于是便在一次晚上休息的时候，把所有人的绳子都解开了："你们想走就都走吧！"

按照秦朝当时的法律，有人逃跑的话，逃跑的人和负责押送的人都是死罪。一些人一见刘邦这么仁义，干脆跟着刘邦走上了逃亡之路。

当时夜色正浓，他们正要赶路，前面出现了一条大蛇挡路，大家建议换一条路走，刘邦说："男子汉大丈夫怕什么！"说完，拿着剑冲过去把蛇砍成了两截。

刘邦身边的人都被震住了，他们觉得刘邦身上有一股"遇鬼杀鬼、遇神杀神"的气魄。他们编了个不知道真假的故事，说刘邦斩杀的是上古大神白帝的儿子，刘邦自己是赤帝的儿子。

赤帝的儿子下凡显灵啦！

约法三章

"赤帝之子斩白蛇"的故事越传越远，沛中子弟都听说刘邦的身上有天子之气，纷纷前来投奔，越来越多的人开始追随在刘邦左右。

刘邦的队伍越来越壮大，实力越来越强，敌人的攻击也越来越猛烈。刘邦知道自己的才干不行，他就格外依仗有才华的人。

公元前206年，刘邦的军队打进了秦朝的国都咸阳。当时各路诸侯提前约定好了，谁先打进来谁就是关中王，做这里的主人。看着秦宫里的奇珍异宝，刘邦赖着不想走了，张良和大将军樊哙（kuài）却给他浇了盆冷水，劝说他封存财物，退出秦宫。刘邦虽然不舍，但还是听取了他们的建议。

谋士张良又建议他，要好好对待当地的百姓，刘邦立刻发布命令："我和父老乡亲们约法三章，有随便杀人的处死，有伤人和劫掠的根据罪行来治罪。"老百姓能在战争中过几天安居乐业的日子，自然是感恩戴德，都表示欢迎刘邦来做大王。

当时，实力和声望最大的是项羽，项羽知道刘邦占了咸阳很气愤，想摆鸿门宴，趁机杀了刘邦，后来见刘邦没有霸占秦宫，而是主动退守霸上，将秦宫里的财物都原封不动地保护好，才放过他。

智取关中

项羽接管咸阳宫，自立为西楚霸王。他把刘邦打发到了荒芜的巴蜀地区，封他做了汉王。

刘邦没落到好处，很气愤，琢磨着找机会再杀回去，谋臣张良劝他，正好趁着机会休养生息。刘邦听了他的建议，进入巴蜀后，大张旗鼓地烧了出蜀必经的栈道，项羽因此放松了警惕，刘邦大军这才有了机会休养生息，重整旗鼓。

等机会成熟后，刘邦率军绕道偷袭了陈仓（今陕西宝鸡东），趁着项羽不防备，占领了关中。著名的楚汉之争正式打响。

刘邦总能集合众人的智慧，而项羽则听不进别人的劝告。最终，项羽在乌江自刎，刘邦获胜，顺利登基称帝，开创了汉朝。

读史启示

尺有所短，寸有所长，世界上没有全能的人，大家都是普通人，有缺点也有优点。刘邦自身的才能并不突出，但他能够成功地将有才能的人都聚集起来，为己所用，才取得了最后的胜利，成为大汉朝的开创者。刘邦的成功经验告诉我们，真正的强者能做到取长补短，把众人的长处集中起来为自己所用，这就相当于我们有了三头六臂，可以攻克任何难关。

夫运筹策①帷帐②之中，决胜于千里之外③，吾不如子房；镇国家，抚百姓，给馈饷④，不绝粮道，吾不如萧何；连百万之军，战必胜，攻必取，吾不如韩信。此三者，皆人杰也，吾能用之，此吾所以取天下也。项羽有一范增而不能用，此其所以为⑤我擒也。

——《史记·高祖本纪》

1 筹策：古代计算数目时用的竹码子，后来演变为"谋划"之意。
2 帷帐：军旅中的帐幕。
3 千里之外：指战场。
4 馈饷：指粮饷。
5 为：被。

译文

坐在中军帐中，筹谋策划，就能决定千里之外战场的胜利，我比不上张良；镇守国家，安抚百姓，给前方军队输送钱粮，我比不上萧何；统率百万大军，每战必胜，每攻必取，我比不上韩信。这三个人都是人中豪杰，我能任用他们，这是我夺取天下的原因。项羽有一个谋士范增却弃之不用，这就是他被我打败的原因。

人为刀俎，我为鱼肉

在鸿门宴上，刘邦借上厕所从宴席上出来，张良和樊哙等人劝他赶紧逃命，刘邦犹豫地说："我出来，没来得及告辞，就这样走合适吗？"樊哙说："大行不顾细谨，大礼不辞小让。如今人方为刀俎，我为鱼肉，何辞为！"意思是，做大事不必顾及小的细节，论大节不回避小的责备。如今人家好比是刀子砧板，而我们好比是鱼和肉，还告什么辞！

"人为刀俎，我为鱼肉"后来比喻生杀大权掌握在别人手里，自己处在被宰割的地位。

泗水亭长

刘邦早年在家乡做泗水亭亭长，这个官职多大呢？

秦朝建立后，在全国推行郡县制，一开始全国设了三十六个郡，后来扩大成了四十多个郡。每个郡都设立了郡守、郡丞和郡尉，郡下面设县，管辖人口大于一万人的县称县令，小于一万人的县称县长。县下边有乡，乡下边是亭，亭下边是里。

一个亭管辖十个里，里的范围之内发生了任何事情都需要向亭长汇报，包括处理邻里纠纷、平息打架斗殴事件、抓捕盗贼、对游客登记管理、对商户进行管理等，亭长还需执行乡一级的长官下达的任务，如代收赋税、押送徭役等。

在当亭长期间，刘邦很体恤农户及商贩，对他们不做严苛的要求，反而帮助他们解决纠纷，很受百姓的欢迎，这为他后来起兵抗秦打下了群众基础。

赤帝与白帝

刘邦自称是赤帝的儿子，他斩杀的白蛇是上古大神白帝的儿子，那赤帝和白帝是什么人呢？

传说中，赤帝也就是炎帝，是"神农尝百草"的神农氏，他教会了人们使用"火"，教百姓垦荒种地，还带领部落的人们制造出了饮食用的陶器和炊具。

而白帝是黄帝的儿子，被人称呼为少昊或玄嚣，是嬴姓以及秦、徐、黄、江、李等数百个姓氏的始祖，一直被秦国王室嬴姓宗族奉为老祖宗。

"赤帝之子斩白蛇"的传说，其实是刘邦的一种手段，为的是让天下人认为他就是取代秦朝的真命天子。

中国历史上第一位临朝称制的女性

《史记》中的《本纪》记载的是"帝王政事"，可为什么司马迁会把吕太后列入本纪中呢？

原来，吕雉吕太后，是中国历史上有记载的第一位皇后和皇太后，也是第一个临朝称制的女性。她以太后的身份行使皇帝职权，发布朝廷号令。

在刘邦打天下的过程中，吕雉作为妻子给了他很大的助力，自然而然成为刘邦登基后的皇后。

刘邦去世之后，吕雉扶持儿子刘盈做了皇帝，朝政便被她一手把持了。一掌权，她便十分残忍地处置了曾经对自己的地位产生过威胁的人。刘邦去世之前，宠妃戚夫人曾经想让自己的儿子刘如意

临朝称制，听说过吗？

吕后

顶替太子的位置。吕雉不顾刘盈的强烈反对，毒死了刘如意，还以十分残忍的手段把戚夫人杀害了。

很多人都指责吕雉凶残，可又不得不承认她的过人之处。在处理国家大小事务上，她做得都很到位。在她的治理下，天下一片太平，很少有人犯罪，老百姓过上了安居乐业的生活。

你知道吗？

刘邦做了皇帝后，有一年回到家乡沛县，和父老乡亲们一起喝酒，诗兴大发，即兴创作了一首《大风歌》，表达了他衣锦还乡、志得意满的情怀，被后人赞为"千古人主第一词"。

大风歌

大风起兮云飞扬。

威加海内兮归故乡。

安得猛士兮守四方！

1.下列成语与刘邦有关的是（　　　　）。

A.项庄舞剑　　　　B.声东击西

C.鸿鹄之志　　　　D.指鹿为马

2."夫运筹策帷帐之中，决胜于千里之外，吾不如子房。"这是刘邦称赞（　　　　）的话。

A.萧何　　　　　　B.韩信

C.张良　　　　　　D.樊哙

3.（多项选择题）"汉初三杰"指的是西汉时的（　　　　）。

A.韩信　　　　　　B.张良

C.萧何　　　　　　D.樊哙

4.将下面的两句话翻译成白话文。

（1）吾所以有天下者何？

_____

（2）项羽妒贤嫉能，有功者害之，贤者疑之。

_____

参考答案

1.A

2.C

3.ABC

4.（1）我之所以拥有天下的原因是什么？

（2）项羽嫉妒有才能的贤人，对待有功劳的人就迫害他，对待贤能的人就怀疑他。

第九章

雄才大略：汉武帝刘彻

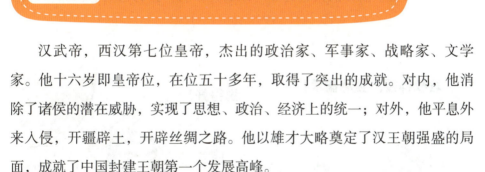

人物小传：刘彻

别　　称	孝武皇帝　秋风客
所处时代	西汉
生卒年	公元前 156 年－前 87 年
在位时间	公元前 141 年－前 87 年
人物标签	雄才大略　文治武功　沟通西域　抗击匈奴

　　汉武帝，西汉第七位皇帝，杰出的政治家、军事家、战略家、文学家。他十六岁即皇帝位，在位五十多年，取得了突出的成就。对内，他消除了诸侯的潜在威胁，实现了思想、政治、经济上的统一；对外，他平息外来入侵，开疆辟土，开辟丝绸之路。他以雄才大略奠定了汉王朝强盛的局面，成就了中国封建王朝第一个发展高峰。

　　公元前 141 年，汉景帝驾崩，十六岁的皇太子刘彻继承皇位，即汉武帝。

　　当时的汉朝刚刚经过了多年的"文景之治"，经济得到了很好的恢复和发展，天下安定，百姓安居乐业。汉武帝却很有志向，他不想坐在祖父辈的功劳簿上享受，而是一门心思地想做一番事业。

罢黜百家，独尊儒术

从汉高祖刘邦开始到汉文帝、汉景帝时期，汉朝一直奉行的是道家的黄老之术，主张无为而治。那时候，百姓们饱受战乱的痛苦，好不容易安定了下来，黄老之术的统治思想使百姓们得到了极大的休养生息。汉武帝继位后的早期，朝政都由窦太后把持，她推崇的就是黄老之术，而年轻的汉武帝欣赏看重的却是儒家思想。他认为国家和百姓已经从战乱中恢复过来了，应当改革政治、加强君权。

儒家讲究"君君、臣臣、父父、子子"，意思是做君主的有君主的样子，做臣子的有臣子的样子，做父亲的有父亲的样子，做儿子的有儿子的样子。每个人都能做好自己的本分工作，社会就能安定有序。这恰恰与汉武帝的统治思想不谋而合。

窦太后去世后，汉武帝终于可以放开手脚，按自己的想法来治理国家了。

他起用了很多儒生，任用他们之前，他还会亲自进行策问，也就是亲自面试应征者。

在一次面试中，汉武帝遇到一个叫董仲舒的儒生，他问了三个问题：如何巩固统治，如何治理国家，什么是天人感应。董仲舒的回答让汉武帝十分满意。

董仲舒提出了"罢黜百家，独尊儒术"的思想，简直是说到汉武帝心坎上了。汉武帝最终将儒家思想确立为汉王朝的统治思想，而对其他诸子学说进行了贬黜，用思想上的统一来为政治上的大一统服务。

董仲舒还提出可以通过开设学校来传播儒家思想。汉武帝很高兴，很快就按照他的建议，在京都长安创立了专门进行儒学教育的大学，当时的称呼是太学。

实施推恩令，加强中央集权

解决了思想统一问题，汉武帝又开始发愁怎么来保证国土的统一。

当年刘邦建国后，为了稳定民心，分封了十几个诸侯王，这些诸侯王一代代传承下来，在当地的势力很大，并且越来越不受皇帝的限制。

汉景帝当年曾推行"削藩令"，也就是消减限制诸侯王在自己封地的统治权，结果，引发了诸侯王的反抗，没有进行下去。这个问题怎么解决呢？

一个叫主父偃的大臣提出了"推恩令"这个建议，汉武帝听后眼睛一亮，跟大臣们商量好细节后，立马就推行了下去。

所谓推恩令就是让诸侯王将自己的封地分给自己的子弟。之前只有长子有继承权，现在次子、三子都能分到封地，大部分人很开心，长子有意见也只好保留。表面上看，这是照顾各诸侯王的拳拳爱子之心。实际上呢，原本一大块封地被切割成了一个个小块，越切越碎，诸侯王的势力被分散了，中央管控起来就更容易了。诸侯独霸一方的问题就这么机智地化解了。

　　汉武帝之前，民间能够私自铸造钱币，这样很容易造成混乱。于是汉武帝将铸币的大权收归中央，由专门的铸币机构铸造五铢钱，作为国家统一的法定货币。他还将冶铁、煮盐、酿酒这些百姓生活离不开的民间生意也收归中央管理，从经济上削弱地方割据的势力，将全国的管控权掌握在自己手里。

平定匈奴，征伐四方

　　国内的问题都解决了，汉武帝又把目光放到了周边国家。一直以来，北方匈奴都是大汉王朝的心腹大患，他们时不时地就冲过来烧杀抢掠一番。汉武帝立誓要把他们灭掉。

　　公元前 138 年，汉武帝得到一个消息：在敦煌、祁连山一代住着一个叫作大月氏（zhī）的游牧民族，他们的首领被匈奴杀了。敌人的敌人就是朋友。汉武帝立刻想到了联合大月氏一起对抗匈奴的法子，于是，他派出张骞出使西域，去与大月氏谈合作。

公元前138年，张骞一行人出发了。他们如果想去大月氏，就需要经过匈奴的地盘，他们一行人一到那儿，就被匈奴人扣下了，等张骞费尽周折好不容易再回到长安见到汉武帝的时候，已经是十三年后了。张骞这次出使没能完成和大月氏结盟的任务，不过，他这一圈也没有白走。经过这次出使，汉朝对西域有了更详细的了解，同周边国家的联系也日益密切起来，打通了汉朝通往西域的道路，即"丝绸之路"。

派出了张骞后，汉武帝这边也没干等着。一开始，他还按照老规矩和匈奴议和，通过和亲、送他们金银的方式维持和平。后来，匈奴总是出尔反尔，汉武帝就跟匈奴彻底撕破了脸，多次派出卫青、霍去病等大将领兵攻打匈奴。

几次出兵之后，问题又出现了，打仗需要花钱，钱从哪里来呢？在汉武帝眼中，制定好的目标是不能轻易动摇的，遇到问题就想办法解决。怎么解决呢？汉武帝想了很多办法，比如向商人征收财产税、允许百姓买官、允许犯罪的人花钱减轻刑罚等。

公元前119年，卫青和霍去病大败匈奴主力，让他们暂时没有能力再找事，换来了汉朝短期的安定。

除了匈奴，汉武帝还征服了好几个边境上的其他国家，比如番禺（今广东广州）、辽东，极大地扩充了大汉帝国的疆域，也为今天中国的广袤疆域奠定了基础。

汉武帝一生取得了显赫的功绩，代价也不小，因为战争，他掏空了国库，还导致民生凋敝。临死前，汉武帝觉察到了自己的过失，他写了一篇名为《轮台罪己诏》的诏书，给朝臣们下达最后的命令："当今最重要的任务是鼓励百姓发展农业生产，各级官吏要严禁对百姓苛刻暴虐，要废止擅自增加的赋税，所有损害百姓利益、浪费天下钱财的事情，全部停止。"

公元前87年，汉武帝病逝，享年七十岁。

我有罪!

罪己诏

　　汉武帝很幸运，继位的时候，天下安定，百姓安乐，原本按部就班也不会有太大问题。但他比一般人站得高看得远，首先用铁腕将国内大一统，接着又向外开疆拓土，打通西域丝绸之路，与西方各国建立联系，扬大汉天威数百年，造福了各国百姓，对后世产生了极其深远的影响。

　　但反过来，汉武帝的好大喜功，导致朝廷连年对外征战，百姓苦不堪言。然而，令人敬佩的是，最终意识到自己错误的汉武帝，能够坦然地用一纸"罪己诏"向天下人谢罪。普通人都很难做到，更何况贵为天子的刘彻，可他却做到了！

元年，汉兴已六十余岁矣，天下乂安①，荐绅②之属皆望天子封禅③改正度也。而上乡④儒术，招贤良，赵绾、王臧等以文学为公卿，欲议古立明堂城南，以朝诸侯。草巡狩封禅改历服色事未就。会⑤窦太后治⑥黄老言，不好儒术，使人微⑦得赵绾等奸利事，召案绾、臧，绾、臧自杀，诸所兴为者皆废。

——《史记·孝武本纪》

注释

① 乂安：太平，安定。

② 荐绅：古代高级官吏的装束，也指有官职或做过官的人。

③ 封禅：古代帝王在泰山上筑坛祭天称为"封"，在梁甫山辟基祭地称为"禅"。秦汉时特别重视这项礼仪。

④ 乡：通"向"，向往，崇尚。

⑤ 会：恰巧，适逢。

⑥ 治：讲求，研究。

⑦ 微：暗中察访。

译文

汉武帝建元元年，汉朝建立已经六十多年了，天下太平无事，朝廷官员都希望天子祭祀天地神灵，改变历法，制定礼仪，而皇帝提倡儒家学说，招纳德才兼备的人。赵绾、王臧等人凭经学研究做了朝廷公卿，建议要像古代一样，在城南建立明堂，用来朝见诸侯。他们所草拟的天子视察诸侯、祭祀天地神灵、改变历法服色等事还没有完成。正逢窦太后偏好黄老学说，不喜欢儒家学说，并派人暗中察访赵绾等人贪赃枉法的事情，下令审问赵绾、王臧，赵绾、王臧自杀了，他们所兴办的那些事统统作废了。

国学大讲堂

从宫女到太皇太后

窦太后，本名窦猗（yī）房，出生于河北一户普通的农家。

她小时候家境十分贫寒，偏偏父母还死得早。过了几年，刚建立的汉朝招宫女。别人家的女儿都想尽办法不进宫，可窦猗房家里穷，又没背景，只能入宫。而且，家里正是最困难的时候，做了宫女，不但省了自己的开销，每月还能拿到一点点钱贴补家里，于是窦猗房就入宫做了吕后的侍女。

后来，吕后当权，挑选了一批宫女赏赐给各诸侯王。窦猗房贿赂负责的宦官，恳求他把自己分配去赵国，因为赵国离自己的家乡比较近。然而宦官收了钱，却把这件事忘在了脑后，把她分配去了代国。虽然窦猗房内心十分不情愿，但也没办法，只好和其他几名宫女一起，被送到了代国伺候代王刘恒。

没想到，一起去的几名宫女中，刘恒只专宠她一人。不久窦猗房就生下了长女，接下来又生了两个儿子。

窦太后

后来，刘恒登基为帝，窦猗房被立为皇后。虽然后来她因为生病失明，失去了皇帝的宠爱，但皇后的位置依旧稳固。

等到她的儿子刘启继位，她又成了皇太后。再后来，汉武帝即位，她被尊为太皇太后。从一个小宫女到大汉的太皇太后，几十年间她辅佐了三位皇帝，见证和影响了整个"文景之治"。

金屋藏娇

相传，刘彻小时候，到他的姑姑，也就是馆陶长公主家玩。长公主的女儿阿娇活泼可爱，很受大家喜欢。长公主开玩笑地问刘彻："你喜不喜欢阿娇？"刘彻一本正经地回答："如果以后能娶到她做妻子，我一定会用金子造一座房子给她住。"就这样，刘彻和阿娇自小就定下亲事。后来，刘彻能成为太子，继承皇位，长公主出了很多力。刘彻当了皇帝后，也兑现了小时候的承诺，娶了阿娇，立为皇后，让她住进了富丽堂皇的宫殿。

成语"金屋藏娇"就来自这个故事，后来人们用"金屋藏娇"指十分宠爱妻子，也指男人纳妾或在外包养女人。

阿娇

古代历史上最长寿的钱

汉武帝在全国推广的五铢钱长什么样呢？

这种钱币外圆内方，非常规整。正面有"五铢"两个篆书写成的字。篆书的笔画千变万化，很适合做防伪。

汉武帝还要求把五铢钱的重量严格控制在五铢。铢是那时的一种重量单位，五铢，大约是现在的 3.5 克，是非常轻的，在当时能做到误差很小，也是很不容易的。

有了五铢钱后，货币混乱的问题终于得到了解决。自此，五铢钱沿用了七百多年，直到被唐朝的"通宝"钱替代，因此五铢钱在中国古代历史上被称作最长寿的钱。

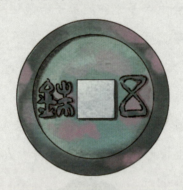

你知道吗？

太学最早由汉武帝设立，是培养人才、传授儒家经典的国家最高学府，相当于现代的大学。而国子监最早叫作国子学，是由晋武帝司马炎设立的。到了隋朝，改名为国子监，除了是国家的最高学府外，它还成为国家的教育管理机构，相当于现代的大学加教育部。

汉武帝刘彻不仅是一位杰出的政治家，还是一位诗人，他有三篇代表诗作，分别是《秋风辞》《瓠（hù）子歌》《天马歌》，其中，《秋风辞》被认为是中国文学史上"悲秋"的佳作，鲁迅赞誉它为"缠绵流丽，虽词人不能过也"。

读一读《秋风辞》，然后回答下面的问题。

秋风辞

秋风起兮白云飞，草木黄落兮雁南归。

兰有秀兮菊有芳，怀佳人兮不能忘。

泛楼船兮济汾河，横中流兮扬素波。

萧鼓鸣兮发棹歌，欢乐极兮哀情多。

少壮几时兮奈老何！

1.下面对诗歌的赏析，不正确的是（　　　　）。

A.全诗比兴并用、情景交融，意境优美，音韵流畅。

B."秋风起兮白云飞"与刘邦《大风歌》中的"大风起兮云飞扬"，意思相近，意境却完全不同。"大风起兮云飞扬"，苍莽辽阔，表现的是风云际会中崛起的雄主壮怀；"秋风起兮白云飞"，则清新明丽，荡漾着中流泛舟、俯仰赏观的欢情。

C."少壮几时兮奈老何"一句抒写了乐极生悲、人生易老、岁月流逝的情感。

D.这首诗句句押韵，节奏快，只是不适合传唱。

2.与"少壮几时兮奈老何"意思相近的诗句，你能想到哪两句？

互动小课堂

1.D

2. 示例：

少壮不努力，老大徒伤悲。

壮年何事憔悴，华发改朱颜。